大学拳击教学理论与实践

霍鹏翔　著

北京体育大学出版社

策划编辑 潘 帅 王晶晶
责任编辑 吴光远
审稿编辑 梁 林
责任校对 李志诚
版式设计 小 小

图书在版编目（CIP）数据

大学拳击教学理论与实践/霍鹏翔著.—北京：
北京体育大学出版社，2018.6
ISBN 978-7-5644-2941-6

Ⅰ.①大… Ⅱ.①霍… Ⅲ.①拳击-高等学校-教材
Ⅳ.①G886.1

中国版本图书馆 CIP 数据核字（2018）第 130462 号

大学拳击教学理论与实践 **霍鹏翔 著**

出　　版：北京体育大学出版社
地　　址：北京市海淀区信息路 48 号
邮　　编：100084
邮 购 部：北京体育大学出版社读者服务部 010-62989432
发 行 部：010-62989320
网　　址：http：//cbs.bsu.edu.cn
印　　刷：北京昌联印刷有限公司
开　　本：710×1000 毫米 1/16
成品尺寸：170×240 毫米
印　　张：9.5
字　　数：170 千字

2018 年 7 月第 1 版第 1 次印刷
定价：35.00 元
（本书因印制装订质量不合格本社发行部负责调换）

目 录
CONTENTS

第一章　拳击运动概述

第一节　拳击运动的定义

拳击，是一项在一个正方形绳围的比赛场中，佩戴特制的柔软手套，在一定的规则和条件限制下进行的对抗竞技性运动项目。这种竞技是在2个人之间进行的，是对竞技者体力、体能、技能、心理和战术等多项素质的综合考验，因而拳击又是一项实用的健身运动。在观看拳击比赛的时候，我们既为运动员娴熟、多变的技战术叫好，又非常羡慕那强健的体魄和强有力的攻击。正是拳击具有这种双重的运动特点——强烈的对抗性和实用的健身作用，使拳击既造就了像阿里、泰森、霍利菲尔德等一代代拳王，同时又吸引着数以亿计的不同国度、不同民族以及不同肤色的拳迷，特别是吸引着广大青少年投身于拳击运动之中。也正是因为拳击需要精湛的技术、多变的战术、充沛的体力、强健的体魄以及良好的意志品质，所以拳击运动被人们称为“勇敢者的运动”。

作为一名具有一定拳击实践基础的爱好者或运动员，从拳击运动的产生开始，对拳击有相当清楚地了解，是从根本上学习理解拳击的内涵，提高拳击实战技能的根本方法。从拳击的产生和发展、拳击技术和战术的演变及训练、拳击比赛的规则和常识等方面进行系统学习、了解和实践，是快速提高拳击实战技能最有效的途径。

第二节　拳击运动的起源和发展

在《大不列颠百科全书》中就有“公元前40世纪，幼发拉底和底格里斯两河流域发现拳击的遗迹”的记载，距今已约有5000年的历史。考古学家在破译埃及象形文字中发现了公元前3700年有关拳击用的护具“皮绷带”的记述（图

1－1）。后来大约在公元前17世纪，拳击运动经过地中海的克里克岛传播到古希腊。公元前5世纪在爱琴海岸发掘的一对瓷瓶上，有两人相互攻防的拳击图案（图1－2）。在希腊神话传说中，传说雅典王子赛希阿斯（公元前1000年）就通晓拳术，曾玩过这种拳击。在美索不达米亚的考古发掘中，也发现了1700年以前拳击活动的遗迹。

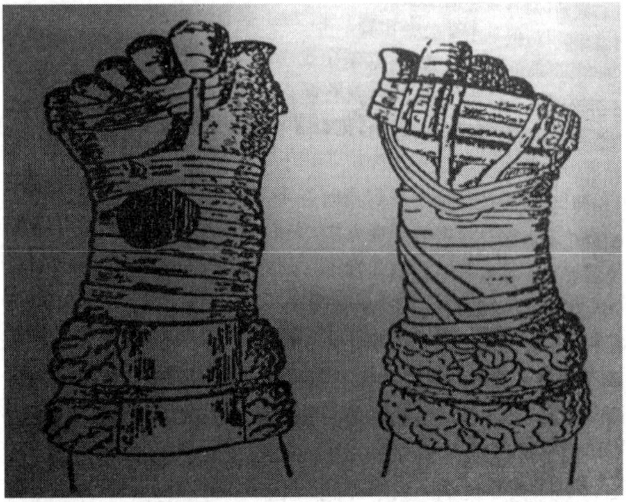

图1－1　拳击手佩戴特别拳击手套，称作锐利皮带。延伸至上臂且与4个手指用皮带连在一起

图1－2　瓷瓶上显示强壮的青年击败他的对手，后者举起右手食指承认失败

一、古代拳击运动

拳击是一项很古老的运动项目，其起源可以追溯到远古社会。处于原始时期的人类，要凭借智慧、体力和带有一定技巧的动作，在不断与来犯之敌或凶猛的野兽进行搏斗中，拳击就是其中一项重要的搏击技术。

在古希腊，拳击这项运动称为角力拳击。据说拳击手套里面装有铁蒺藜，激烈地搏斗常常以失败者的殒命而告终。在古代，由于人们对古罗马拳击的粗野，以及受欧洲各地时兴骑马斗剑的影响，拳击运动的发展受到了严重抑制。古罗马皇帝西奥多雷斯基甚至下令禁止拳击，至此，拳坛几乎寂寞了 4 个多世纪。当时盛行的骑士体育是属于统治阶级和贵族的，而且必须是基督教徒。而拳击则作为一种自卫技术、娱乐活动，在民间得以保存和不断地流行，但是不能公开比赛。

在公元 8 世纪，奥斯曼大帝执政，法庭制定了一种新制度：斗审，就是在审判中遇到疑难案件，命令诉讼双方进行决斗，胜利者胜诉。如果是贵族间的诉讼，就按贵族风俗，穿护身甲胄、骑马进行斗剑；而平民间的诉讼，则以拳击决胜负，从此，拳击在平民百姓中更为广泛地流传。

公元 1200 年，传教士圣倍纳丁看到当时许多青年在斗剑中丧生的悲剧，设法推行拳击代替斗剑。他废止了古罗马拳击的野蛮方法，提倡赤手空拳，使之成为以锻炼身体为原则的体育活动。圣倍纳丁在意大利的西纳开设了一所拳击训练学校，亲自担任教练，并主持拳赛，执行裁判工作。在赛程中遇有可能发生危险的紧急关头，他会及时命令停止比赛，以防止不必要的伤害事故发生，这种改良的拳击，逐渐在青年中流行起来。圣倍纳丁一生始终热衷于拳击运动，使中断了几个世纪的拳击东山再起，成为拳击史上不可磨灭的里程碑。

到了 16 世纪，拳击运动越过了多巴海峡，传播到了英国。公元 17 世纪末，拳击在英国复兴起来。公元 18 世纪初，在英国出现了有奖的拳击比赛。1719 年产生了被称为现代拳击始祖的第一位英国拳击冠军詹姆斯·菲格（1695—1743 年），并把冠军保持了 11 年之久，他有“无敌将军”的美称。菲格的拳击是没有防护的徒手“生死”型格斗。他创立了世界上最早的拳击学校，成为英国拳击运动员的培养摇篮。

菲格去世后，他的得意门生约翰·布劳顿（1704—1789 年）继承了他的拳击事业。为了使拳击减少伤害事故，他组织了拳击俱乐部。为了使拳击更有体育精神，他于 1743 年 8 月 16 日又推出了新的也是世界上最早的职业拳击运动比赛规则，命名为“布劳顿规则”。该规则主要规定不准打击已倒地者和不准打击腰部以下任何部位。同时，布劳顿发明了第一种软皮手套，以保护脸部皮肤。后来，布劳顿还在伦敦建造了一所大型竞技场，作为专门教授拳击和组织拳赛的中心。由于布劳顿对拳击运动提出了新的方向，对拳击的健康发展起了重要作用，后人称他为“拳击之父”。

二、近代拳击运动

（一）近代拳击运动的起源与发展

现代拳击运动始于近代英国。公元 1792 年，英国拳击冠军门道沙为了推广拳击，加入马戏团，到英伦三岛各地做拳击表演，积极宣传拳击。1798 年，他写成拳击史上第一本拳击指南，定名为《拳击艺术》，深受人们的欢迎。门道沙是研究拳击的先驱者，也是开展拳击运动的功臣。

1838 年，英国伦敦在布劳顿最初的规则基础上，制定颁布了《伦敦拳击锦标赛规则》，用于拳击比赛。1853 年，对这一规则进行了修改。1865 年英国伦敦业余竞技俱乐部成员、记者约翰·古拉哈姆·千巴斯又进一步完善修订了新的拳击规则。英国昆士伯利的侯爵约翰·肖鲁图·道格拉斯担任了这个新规则的保证人，并把它命名为英国《昆士伯利拳击规则》。在这个规则中，明确规定了参加拳击比赛的人必须带拳击手套，比赛的每个回合打满 3 分钟，回合之间休息 1 分钟；比赛中禁止发生搂抱和摔跤现象，否则被判为犯规；一方被打倒后开始数秒，如果 10 秒钟被打倒的人不能站起来，就判定对方胜利等内容。这个规则基本上形成了后来拳击比赛的竞赛框架，为促进拳击的发展指明了方向。

英国昆士伯利规则形成之后，大约经过 20 年的反复实践和运用，才逐渐被人们肯定。例如比赛必须戴手套的规定，1892 年 9 月 7 日约翰·L·萨里班和基姆·哥培德戴着 5 盎司重的拳套进行了世界第一次重量级冠军赛。这个规定最终在拳击比赛规则中确定下来，并被所有拳击比赛所采用。上述规则的不断修订和完善，特别是英国昆士伯利规则的最终确定，为促进现代拳击比赛奠定基础。从另一个角度来说，英国拳击爱好者的努力，为推动和促进现代拳击比赛的发展做出了不可磨灭的贡献。

（二）近代拳击规则的演变

比赛规则的演变伴随着现代奥林匹克拳击运动发展的整个过程，前后 4 个重要发展阶段直接影响了现代奥林匹克拳击运动的本质变化。

第一阶段：探索比赛规则阶段。最初的拳击比赛是双方运动员从赤手对抗开始，逐步发展到佩戴拳击手套进行比赛，其发展过程漫长（图1－3）。当时没有成文的规定，只能是口头协议或签好生死状、不带拳套情况下进行比赛，直至一方丧失继续比赛的能力为止。1747年，英国著名拳击家J·布劳顿针对当时混乱的比赛局面，制定出了最早的一份拳击规则，并设计了拳击手套，对近代拳击运动的开展做出了贡献。

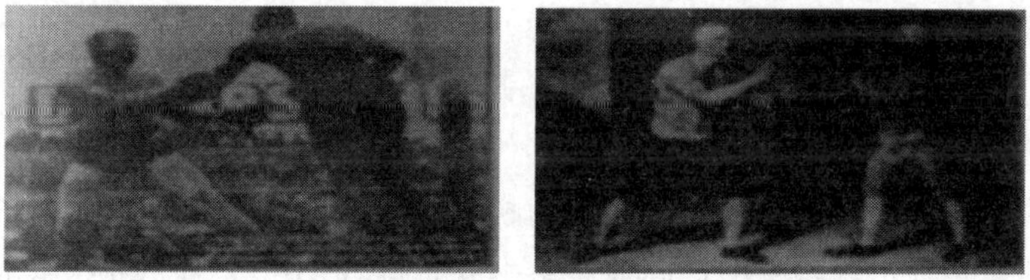

图1－3　从赤手对抗到佩戴拳击手套的演变过程

第二阶段：拳击技战术发展起步阶段。1865年，英国记者约翰·古拉哈姆·千巴斯完善修订《伦敦拳击锦标赛规则》，并把它命名为英国《昆士伯利拳击规则》。在这个规则中，明确规定了参加比赛的人必须戴拳击手套，强调拳击技术和战术的运用，成为当今业余拳击规则的雏形，为促进拳击的发展指明了方向。

第三阶段：1972年慕尼黑奥运会拳击比赛上采用了白色标志带。国际业余拳击联合会在规则修订中把拳击手套拳峰部位增添了15厘米的白色标志带。从无到有一字之差改变了拳击训练指导思想，单一的重拳、犯规拳不能获得最后的胜利，提倡击打准确才能得点，以点数获得的比例越来越大。

第四阶段：拳击裁判员由原来的手记点数改为电子记分系统使用。在1989年第5届莫斯科世界拳击锦标赛上，来自43个国家236名运动员第一次采用电子记分系统进行了比赛。该评价系统的出现顿时在国际拳坛引起轰动，好坏评价众说不一。实践证明，奥运会、世界大型拳击比赛从争议中开始至今一直使用电子评价系统，运动员在训练、比赛中进攻、反击以及攻防转换节奏快上加快，训练理念由原来的出拳重、出拳少而精逐渐向着快、连、准的方向演变，比赛变得更具有观赏性和商业价值。同时符合体育产业化，更利于拳击运动的发展和普及。快是拳击运动竞赛的灵魂，准确更易得点，得点多者为胜。

三、现代拳击运动

1989年9月17日—10月1日，在莫斯科举行的第5届世界拳击锦标赛上，有史以来第一次使用电子评分系统（electronic scoring system）来评判运动员的胜负结果，结束了手记分的评判方式。评判胜负的方式改变直接影响着拳击技战术打法特征的发展趋势，在拳击运动发展史上具有划时代的意义。因此，我们将 1989 年后的拳击运动界定为现代拳击运动。

现代拳击运动分为两大系统，即业余拳击和职业拳击。业余拳击就是大家都知道的奥运会中所设的拳击项目，以及和奥运会拳击相应的各级各类拳击比赛。业余拳击是以增进拳击爱好者和运动员的健康，培养其顽强拼搏、机智勇敢和英勇善战的优良品质为目的的，适应广大拳击爱好者健身和竞技的需要，是以提高拳击技术运动水平和增进各国人民的友谊为宗旨，代表着拳击运动健康向上的发展方向，是世人所共同希望和倡导的勇敢顽强、努力拼搏的竞技精神的具体体现。1924 年，第一个国际性业余拳击组织——国际业余拳击联合会（AIBA）正式成立，使全世界开展业余拳击运动有了专门的组织。国际性的业余拳击比赛除了奥运会之外，还有国际业余拳击锦标赛、拳击世界杯赛、洲际相应的锦标赛和杯赛等。各个国家和地区也相继开展了业余拳击运动，爱好业余拳击的人更是不计其数。

现代奥林匹克拳击运动也就是业余拳击，最早是由美国发起的。1888 年，美国成立了世界上最早的 12 个业余拳击俱乐部。他们在规则和形式上与以前的职业拳击比赛有所区别，成为现代奥林匹克拳击运动的雏形。

当时的拳击运动并没有职业与业余之分，所有的比赛几乎全是以赌博赢利为主要目的。运动员多以打拳为主要谋生手段，比赛因此变得很残酷。加之当时的规则和医务监督工作极不完善，比赛回合过多。在比赛中如果一方运动员不将另一方击倒不起，比赛就不会停止。19 世纪末 20 世纪初，随着人类社会的不断进步，现代文明的不断提高以及教育事业的不断普及，许多有识之士对当时拳击运动的看法有了根本改变。第一，作为一项体育运动，拳击比赛的最终目的不是将对手击倒、击伤，甚至致死，而应是勇敢精神、顽强意志和精湛技术的体现；第二，拳击比赛应本着友好竞争的原则，旨在健体强身，锻炼意志品质，不应以赢利为主要目的；第三，拳击比赛主要是双方运动员意志和技术的较量，比赛时间不宜过长。

当时，一位叫杰·卡迪的美国业余拳击活动家四处游说，宣传业余拳击的意义，在美国社会中起了相当大的反响。首先响应的是美国陆军、海军、军校、大学俱乐部和纽约警察。在他的影响下，这些部门纷纷把拳击作为身体训练、防身自卫的必修课，通过一段时间的实践，收到了非常好的效果。直到现在，美国军队每年还举行业余拳击比赛，并有自己的协会。例如，前 WBA 重量级冠军史密斯就是在美国军队拳击锦标赛中脱颖而出后，转为职业拳手，最后成为世界冠军。那时的比赛主要在军队、警察和俱乐部之间展开，比赛时间为 3 个回合。这是现代拳击运动诞生几百年来，首次出现以友好竞技、健体强身为主要目的业余拳击锦标赛，标志着现代奥林匹克拳击运动的开始。

尽管许多人热情宣传、拥护将这一古老传统项目列为奥运会比赛项目，然而，当时世界上许多国家并没有开展拳击运动。但在第 1 届希腊和第 2 届巴黎奥运会上，这项提案均遭到否决。拳击到底能否进入奥运会，当时有许多人感到茫然。

（一）奥林匹克拳击运动

直到第 3 届奥运会决定在美国的圣路易斯举行后，大批热心的业余拳击爱好者才又重新燃起了将拳击运动列入奥运会的热情。因为这个位于密西西比河畔的城市当时正是美国开展拳击运动最普及的地方，有众多的从英国留学归来的美国青年对拳击运动酷爱，希望拳击能成为奥运大家庭中的一员。

为了将拳击列入奥运会比赛项目，当时著名作家杰克·伦敦和萧伯纳做了大量工作。他们在提案中以充分的事实证明，拳击运动对青年所起的教育作用，对人类体能、智能的发掘和强化，特别是对人类勇敢精神的培养是积极的。他们说服了所有固执己见的人，最终提案被通过。至此，拳击才真正堂而皇之地进入奥林匹克运动的神圣殿堂。

然而，由于当时通信设施落后，加上路途遥远、旅费昂贵及拳击运动尚未普及等诸多原因，只有 12 个国家的 625 名运动员参加了 1904 年圣路易斯第 3 届夏季奥运会，其中美国就占了 533 人，而报名参加拳击比赛的国家只有美国一个队。当时的业余拳击比赛规则尚不完善，加上组织工作缺乏经验，比赛采用了职业拳击比赛的方法，分成 7 个级别进行角逐，即次最轻量级（47. 62 公斤）、最轻量级（52. 16 公斤）、次轻量级（56. 73 公斤）、轻量级（61. 24 公斤）、次中量级（65. 27 公斤）、中量级（71. 67 公斤）和重量级（71. 67 公斤以上）。规则还规定，凡获各级别冠军的运动员，可以向高一级别的冠军进行挑战。结果，一位名叫奥·柯克的运动员在最轻量级比赛中打败所有对手获得冠军后，又战胜了次轻量级冠军哈莱尔，成为奥运史上第一位，也是唯一的一位在奥运会拳击比赛中获得 2 枚不同级别比赛金牌的运动员。尽管 1904 年奥运会拳击比赛只有美国参加，但它对后来业余拳击运动在世界范围内的发展、普及起了相当重要的作用，影响是极其深刻的。

第 4 届奥运会（1908 年，英国伦敦），五大洲代表首次聚会。英国作为现代拳击运动的发源地，又作为东道主，自然把拳击运动列为比赛项目。但由于筹备时间仓促，从发出邀请到正式比赛，时间很短。拳击仅设5个级别，比赛办法同上届，运动员可以跨级比赛。由于一向表现十分出色的美国运动员无法及时赶到伦敦，所以英国运动员取得了英国在奥运会拳击比赛中最辉煌的成绩，除中量级（71.67公斤）亚军为澳大利亚的雷·贝克获取外，其余获奖名次均属英国人。

第5届奥运会（1912年，瑞典斯德哥尔摩），由于瑞典人认为拳击有损于人体健康，因此取消了这个项目。

第6届奥运会因第一次世界大战未举行。

第7届奥运会（1920年，比利时安特卫普），战火熄灭后的首届奥运会。经过战争的劫难，本届运动会的比赛成绩不尽如人意，而拳击却得到了很大的发展。拳击比赛中25个国家选手在8个级别进行激烈角逐，最后欧洲人只获得了3枚金牌（其中英国2枚、德国1枚），美国3枚，南非联邦、加拿大各1枚。次轻量级金牌为年仅19岁的美国人弗伦克·詹纳罗获得，他转为职业选手后，赢得了这个级别1928—1929年、1930—1931年的世界冠军。美国的爱德华·伊根夺得重量级（79.378公斤）拳击冠军，1932年他又在冬季奥运会四人雪橇比赛中夺冠，他是奥运会史上在冬、夏季奥运会比赛中均获金牌的唯一选手。第7届奥运会拳击赛上，运动员的水平有了较大突破，获奖牌的国家面也扩大了，这无疑是对拳击运动的发展起了促进作用。

第8届奥运会（1924年，法国巴黎），是为了庆祝恢复奥林匹克运动会30周年而定在巴黎的。而在奥运会开幕前夕，拳击史上第一个国际业余联合会成立了，它的第一任主席是美国人约翰·卡迪。这给拳击运动注入了一针兴奋剂。世界上29个国家的拳击选手来到了巴黎，争夺8个级别的冠军，最激动人心的一场决赛在两名次轻量级拳手杰基·费尔茨和约瑟夫·谢拉斯之间进行。2名选手都出生在洛杉矶，在同一所俱乐部由同一位教练指导下训练，而且都想成为奥运冠军。两人的比赛在奥林匹克的拳击场展开了3个回合扣人心弦的较量。他俩的事实告诉了人们诚实和美好的拳击运动，比赛的锣声响了，在国歌声中，2名加利福尼亚拳手控制不住自己的眼泪，在拳击场上激动地拥抱在一起。英国获得2枚金牌，美国、南非联邦、荷兰、丹麦、比利时、挪威各得1枚金牌。另外，法国式拳击还被安排为表演项目。

第9届奥运会（1928年，荷兰阿姆斯特丹），这届奥运会的拳击比赛吸引了五大洲的拳击好手，登上领奖台的有来自14个国家的运动员，这在奥林匹克拳击史上是前所未有的。大批有才干的年轻人挡住了在过去的比赛中有出色表现的著名拳击家通往胜利的道路，所有级别的冠军为那些从来没有在这种振奋人心的场合获得过胜利的国家——匈牙利、意大利、荷兰、新西兰、阿根廷等国的拳击选手获得，这是本届奥运会拳击比赛中最引人注目的特点。在获奖者的名单中，还第一次列入了过去禁止开展拳击运动国家的运动员，这不正说明业余拳击运动在全世界获得了普遍发展吗？本届奥运会的裁判工作很差，拳击比赛中经常出现差错，引起了很多国家的不满。尽管这样，意大利拳击运动员以惊人的表现出尽风头，他们一举夺得 3 枚金牌；阿根廷人获得了重量级和最重量级 2 枚金牌；匈牙利、英国、新西兰各得 1 项冠军。

第 10 届奥运会（1932 年，美国洛杉矶），再次在大洋彼岸举行。令人瞩目的拳击赛在能容纳 1.2 万名观众的体育馆举行。但是，同圣路易斯那届一样，由于旅费昂贵，参加洛杉矶奥运会的国家和运动员比上一届减少了近一半，拳击也不例外。美国拳手欲重复 28 年前的圣路易斯的胜利，他们获得了 2 枚金牌和 3 枚铜牌的好成绩，名列个参赛队之首。但是他们也受到了各国好手的强力挑战，尤其是阿根廷和南非联邦拳击家相当出色的表演，他们分别为自己的国家取得了 2 枚金牌、1 银牌和 2 枚金牌、1 枚铜牌。其他 2 枚金牌被匈牙利和加拿大选手获得。菲律宾的何塞·维拉奴埃瓦获得了最轻量级铜牌，这是亚洲拳击手在奥运会上取得的第一枚奖牌。这次的裁判工作非常出色，是现代拳击比赛史上第一次系统、正规的执法。

第 11 届奥运会（1936 年，德国柏林），历史的悲剧。德国法西斯为了使更多的德国运动员登上领奖台，以达到显示实力和炫耀日耳曼人种的尊严，他们千方百计地拉拢裁判，拳击也不例外。尽管如此，各国选手还是发挥了自己的水平，显示了各自的实力。法国选手获得了 2 枚金牌，意大利、匈牙利、芬兰、阿根廷各获 1 枚金牌，而德国队凭借不正当的手段获得 2 枚金牌。正是在这届奥运会上，当时的中国政府派出了 69 人参加，其中由当时国民党陆军 32 军商震部队派出的 4 名拳击手李梦华、靳桂、靳贵第和王润兰，遗憾的是他们都在预赛中被淘汰。

第 12、第 13 届奥运会因第二次世界大战未举行。

第 14 届奥运会（1948 年，英国伦敦），奥林匹克运动的新起点。在两届奥运会中间的这段时间里，世界业余运动又向前迈进了一大步，成为世界上最普及的运动项目之一。英、美两国竟然没有获得金牌，冠军奖牌被阿根廷（2 枚）、匈牙利（2 枚）、南非联邦（2 枚）、意大利（1 枚）和捷克斯洛伐克（1 枚）获得。

第 15 届奥运会（1952 年，芬兰赫尔辛基），具有划时代意义的奥运会。由于苏联和部分东欧国家的参赛，使拳击比赛的规模和水平有了空前的提高。世界上 44 个国家和地区的 250 余名选手报名参加比赛。鉴于世界各国拳击运动的广泛开展，国际业余拳击联合会为了提高此项运动的价值和使参赛的运动员力量更趋均衡，决定在本届奥运会拳击比赛中分 10 个体重级别进行比赛，废弃如职业拳击所采用的 8 个级别。美国派出了历史上最强的奥林匹克拳击手，一举夺得 5 枚金牌，他们全是体格健壮的黑人拳击手。要知道，在 20 年间美国拳手没有在奥运会上取得任何一个级别的第一名，他们这次取得的成绩确实是值得称赞的。第一次参赛的苏联拳击选手，由于缺乏比赛经验和对对手缺乏了解，只取得了 2 枚银牌和 4 枚铜牌。匈牙利、芬兰、捷克斯洛伐克、意大利和波兰各得 1 枚金牌。

第 16 届奥运会（1956 年，澳大利亚墨尔本），奥运会第一次走出了欧美两洲，使世界各国拳手为了迎接在墨尔本的新的挑战，投入了积极的准备。由于业余拳击运动在地理范围上已经普及到整个地球，国际业余拳击联合会决定，从这届奥运会开始授予奥林匹克优胜者的业余拳击运动相同体重级别世界冠军称号。本届运动会最耀眼的明星当属 32 岁的匈牙利卓越拳击家拉斯洛・帕普。当他在墨尔本拳击场上战胜最后一名对手——美国的雷泽德・托雷斯后，成为世界上第一个连获 3 届奥林匹克金牌的拳击家。奥运会后，帕普转为职业拳击手，并多年驰名世界拳坛。由于苏联的参赛，使此届拳击赛增色不少，他们夺得了 3 枚金牌、1 枚银牌和 2 枚铜牌的骄人战绩，列非正式团体总分第一；美国和英国各得 2 金；德国、匈牙利和罗马尼亚各得 1 金。

第 17 届奥运会（1960 年，意大利罗马），一次高水平的盛会。来自五大洲 56 个国家和地区的 290 多名拳击运动员集中到罗马，2 个德国联合组队参赛，中国台湾也派出了 3 名拳击手。本届奥运会拳击比赛的突出特点是队员的年轻化和各队普遍重视了专项力量训练。在未来的岁月中，驰名全球的拳王、美国黑人穆罕默德・阿里成为奥林匹克重量级（81 公斤级）冠军。他当时用的名字是卡修斯・克莱，年仅 18 岁。罗马比赛后的 1961 年，他步入了职业拳坛，从此享誉世界。东道主意大利凭借天时地利和人和的优势，以 3 金、3 银和 1 铜获得了非正式团体总分的第一名，波兰（1 金）第二，美国（3 金）第三，苏联（1 金）第四。匈牙利和捷克斯洛伐克各获 1 枚金牌，在罗马奥运会上，国际业余拳联第一次采用 5 名评判员进行评判工作。

第 18 届奥运会（1964 年，日本东京），五环旗第一次在亚洲出现。在奥运会拳击比赛中有不错表现的南非联邦由于推行种族歧视政策，从此被剥夺了参赛资格。中国台湾有 7 名拳击手前往东京参加比赛。苏联拳击队在东京实现了他们东山再起的愿望，参加比赛的 10 名拳击手除了在最轻量级中被淘汰，其余 9 人取得了 3 枚金牌、4 枚银牌和 2 枚铜牌。技术精良的波兰拳击手有 7 人取得了奖牌——金牌 3 枚、银牌 1 枚和铜牌 3 枚。这也是这 2 个国家的拳击运动员在历届奥运会比赛中取得的最好成绩。意大利队挟上届总分第一的余威，仍以 2 金、3 铜的成绩，把美国队挤到第四。日本选手樱井孝雄夺得最轻量级金牌。7 年后的 1971 年击败穆罕默德·阿里，成为“世界拳王”的美国拳手乔·弗雷泽在东京成为最重量级金牌得主。本届奥运会突出的特点是获得金牌的国家和地区中，来自亚洲、非洲、拉丁美洲的竟有 8 个之多，这在奥林匹克史上是空前的。这有力地说明，生活在这一广大地区的民族，在拳击运动方面具有良好的天赋和巨大潜力。

第 19 届奥运会（1968 年，墨西哥墨西哥城），高原之城的拳击大战。为了加强裁判员队伍的责任感，本届奥运会开幕式上首次增加了裁判员宣誓。48 公斤级是本届奥运会拳击比赛新增加的级别，从而使拳击比赛项目增加到 11 个。从本届起级别称呼变更为数字。委内瑞拉的弗·罗德里格斯获得 48 公斤级金牌。美国著名黑人拳击手乔治·福尔曼是这届 81 公斤以上级的冠军，奥运会后他转为职业拳击运动员，3 年后成为世界冠军。苏联、美国、波兰、墨西哥分获非正式团体总分前 4 名，有 21 个国家和地区的拳击手获得了奖牌，其中亚、非、拉占了 10 个。引人注目的是，世界拳坛未来的一支劲旅——古巴已悄悄地露出了实力，2 枚银牌使他们排在第 5 的位置上，来自加勒比海的黑色旋风将会吹临世界拳坛。

第 20 届奥运会（1972 年，联邦德国慕尼黑）。本届奥运会从场地设施和运动员住宿都做了精心的安排，为运动员创造好成绩提供了条件。古巴拳手果然不负众望，一举夺得 54 公斤级、67 公斤级、81 公斤级以上 3 枚金牌，显示了其强大的实力。苏联获得 2 枚金牌，匈牙利、保加利亚、波兰、美国、联邦德国、南斯拉夫各得 1 枚金牌。在本届奥运会上，民主德国体育开始飞跃，但他们的拳击没有获得金牌。

第 21 届奥运会（1976 年，加拿大蒙特利尔）。美国在拳击比赛中取代了上届居领先地位古巴，获得了 5 枚金牌。古巴成绩也不差，获金牌 3 枚，而且银、铜牌均多于美国。如果按非正式的评分，仅负美国 0.5 分。古巴 81 公斤以上级运动员坦菲洛·斯蒂文森再次取胜，是奥运会史上第一个两次获该级别冠军选手。朝鲜张淳容在 54 公斤级中夺冠，成为朝鲜第二个获奥运金牌的运动员。民主德国和波兰选手各获得 1 枚金牌。

第 22 届奥运会（1980 年，苏联莫斯科），古巴拳击手称雄莫斯科。占 2/5 的国际奥委会成员国公开抵制或拒绝参加莫斯科奥运会，这样就大大冲淡了比赛的热烈气氛。拳击比赛由于上届坛主美国队没有参加，竞争的激烈程度明显降低，基本上成了古巴拳击手的天下。在 11 个级别中，古巴队得了 6 枚金牌、2 枚银牌和 2 枚铜牌；东道主苏联对获得了 1 枚金牌、6 枚银牌和 1 枚铜牌；民主德国以 1 枚金牌、6 枚银牌和 5 枚铜牌的成绩，第一次进入三强；波兰队的成绩是 1 枚银牌和 4 枚铜牌。28 岁的古巴老将坦菲洛·斯蒂文森第三次赢得了 81 公斤以上级冠军，成为继匈牙利拳坛怪杰帕普后前二位蝉联 3 届冠军的拳斗家。在 1972—1986 年的 14 年间，斯蒂文森 3 次成为奥林匹克冠军、3 次荣膺世界锦标赛冠军，这是世界业余拳击运动中任何一个拳击家都望尘莫及的。

第 23 届奥运会（1984 年，美国洛杉矶），天使之城的拳击盛会。本届奥运会又受到了复杂的国际政治斗争冲击，苏联、民主德国、古巴、朝鲜等国的纠葛，对拳击比赛也带来了不少的影响。莫斯科奥运会和 1981 年在蒙特利尔举行的第 2 届世界杯赛上开始采用 12 个级别比赛，所以本届比赛也采用了 12 级别的赛制。中国奥委会派出了一个大型体育代表团出席参加这次盛会，但当时中国还未恢复开展拳击运动，所以没有派选手参加本届奥运会拳击比赛。洛杉矶奥委会参加拳击比赛的有来自 77 个国家和地区的 356 名运动员。本届奥运会拳击比赛基本上成了美国拳击手称霸的舞台，他们的 12 名拳击手一共取得了 9 枚金牌、1 枚银牌和 1 枚铜牌；意大利队夺得了 1 金、2 银和 2 铜；南斯拉夫队取得金、银各 1 枚和 2 枚铜牌；韩国队取得金、银、铜牌各 1 枚。除以上 4 个国家外，另外还有 19 个国家和地区的运动员获得了奖牌，这个数字创造了奥运会史上最高纪录。洛杉矶奥运会拳击比赛的裁判员对美国运动员明显偏袒，引起了不少国家的极大不满。尽管如此，本届奥运会不失为一次成功的体育盛会。

第 24 届奥运会（1988 年，韩国汉城）。参赛国家和运动员创当时历史最高纪录，102 个国家和地区的 426 名业余拳击运动员参加了 12 枚金牌的争夺。这标志着拳击运动的普及与飞速发展，说明本届奥运会的拳击比赛更具有广泛性和代表性。但是，由于业余拳击头号强国古巴和亚洲劲旅朝鲜抵制汉城奥运会，使之不能完全反映当今世界最高水平。这届美国 3 金、3 银和 2 铜，仍占金牌数和总分第一，但差距已不那么悬殊。中北美是职业拳击最盛行的地区，对开展业余拳击运动很有利，无论就其群众基础，还是对拳击运动技战术的借鉴，都使之在业余拳击赛中称雄。他们获得了 4 金、4 银和 4 铜的好成绩。苏联和东欧国家是业余拳击的主要推崇者，他们大力提倡业余拳击，无疑是业余拳击中的重要一员。他们共获得了 4 金、4 银和 8 铜。亚洲地区进步较快，共获 2 金、1 银和 5 铜，其中韩国独得 2 枚金牌。中国首次派队（2 人）参加奥运会拳击比赛，也是自 1985 年恢复中断 25 年之久的拳击训练后首次参加世界性大赛，57 公斤级的刘栋进入前 8 名。非洲国家参加最多，面广而实力接近，共获得了 1 金、2 铜，其中肯尼亚选手获得 1 金、1 铜。业余拳击在汉城奥运会遭到有史以来最沉重地一次打击，韩国教练集体殴打裁判员，部分运动员服用违禁药物，裁判水平低和不公平事件使业余拳击处于争论中，其在奥运会中的地位受到动摇。但是，大部分人认为，拳击是奥运会传统和最杰出的项目之一，谁也无法将它开除。

第 25 届奥运会（1992 年，西班牙巴塞罗那），加勒比海狂飙势不可挡。本届奥运会是有史以来参加比赛人数最多、水平最高的一次角逐。本届奥运会拳击比赛给人印象最深的是来自加勒比的拳击强国古巴队。在全部 12 个级别的比赛中，古巴队大刮加勒比旋风，有 9 人杀入决赛，勇夺 7 枚金牌、2 枚银牌，成为本届奥运会的主旋律。古巴队技术精湛、规范、全面，体力充沛，反应、防守、节奏均属上乘。巴拉多、萨翁、莱穆斯是古巴队的核心与灵魂。古巴队以绝对的优势在奥运会上确立了自己的统治地位，创造了奥运拳击史上的又一奇迹！本届奥运会由于古巴队囊括了半数以上的金牌，而使世界业余拳击格局发生了新的变化。以独联体名义参加的苏联选手仅获得了 81 公斤级 1 枚银牌，爆出了本届奥运会拳击比赛的最大冷门。德国队基本保持了自己原有的地位，本届比赛共获得了 2 枚金牌、1 枚银牌和 1 枚铜牌。美国队在比赛中不走运，仅获得了 1 金、1 银和 1 铜，这是自 1956 年来美国队成绩最差的一次。曾出过不少世界拳击冠军的爱尔兰选手本届比赛有上乘表演，获得了金、银牌各 1 枚。亚洲选手在小级别和中级别中显示了自己的实力，共获得了 1 金（51 公斤级朝鲜选手崔喆洙）、5 铜。中国 4 名选手也参加了本届比赛，但与其他国家有一定的差距。为防止上届奥运会韩国教练员和运动员殴打裁判事件的再次发生，本届奥运会拳击比赛采用了高科技的尖端电脑技术给运动员打分，使拳击运动开始了新纪元。但是，由于电脑记分的首次采用，也引起了一些争议。

第 26 届奥运会（1996 年，美国亚特兰大），跨入新世纪，形成新格局。来自五大洲 364 名拳坛精英参加 12 个级别的角逐，古巴队以 4 金、3 银的战果卫冕，团体总分高居榜首；保加利亚以 1 金、2 银列团体总分次席；哈萨克斯坦以 1 金、1 银、1 铜坐团体总分第三把交椅。在 4 个小级别的比赛中，竞争激烈，场面迭爆，金牌争夺战是在保加利亚、菲律宾、古巴、匈牙利、泰国选手之间进行。保加利亚丹·博基洛夫战胜菲律宾选手，获得了 48 公斤级冠军；51 公斤级冠军被古巴拳手罗梅罗获得；匈牙利运动员伊·科瓦奇战胜古巴选手梅萨，摘得 54 公斤级桂冠；泰国拳手卡姆辛获得了 57 公斤级的第一名。中级别阿、古、俄、美其称雄。60 公斤级阿尔及利亚选手霍·索尔塔尼摘走金牌；63.5公斤级古巴选手维嫩特力挫德国选手乌尔卡，摘得桂冠；76公斤级，俄罗斯的奥·塞托夫把古巴老将、1995年世界排名第一的胡·埃尔南德斯获银牌。71公斤级是最精彩的一场比赛，结果美国选手雷德以KO的战绩击败一时大意的古巴选手杜维赫尔，为美国队夺得拳击赛的唯一1枚金牌。大级别古、哈、乌三足鼎立。上届奥运会，古巴选手包揽了75公斤级、81公斤级、91公斤级和91公斤以上级的桂冠，显赫一时。时隔4年，古巴在大级别中受到欧、亚选手的挑战，选手除了蝉联75公斤级和91公斤级冠军外，81公斤级和91公斤级以上级的金牌分别被哈萨克斯坦的吉罗夫和乌克兰的克里琴科摘走。91公斤级冠军为古巴老将萨翁，他是上届奥运会拳击比赛冠军、世界拳击锦标赛“五冠王”，在亚特兰大拳击台上，显示了其精湛的技艺。本届奥运会拳击赛，我国派出了杨相中（第二轮被淘汰）、陈涛（第一轮被淘汰）、江涛（第5名）参加角逐，本着锻炼队伍的原则，他们也取得了一定的成绩，但离拳击强国还有差距。

第27届奥运会（2000年，澳大利亚悉尼）。悉尼奥运会设有12个级别，古巴队以4金的战果再次卫冕，团体总分高居榜首。吉列尔莫·里贡多克斯获得54公斤级冠军，马里奥·金德兰获得60公斤级的冠军，豪尔赫·古铁雷斯获得75公斤级的冠军，费利克斯·萨翁获得91公斤级的冠军；48公斤级的冠军被法国选手卜拉希姆·阿斯卢姆获得；哈萨克斯坦的别克扎特·萨塔哈诺夫和叶尔马汉·伊布赖莫夫获得了57公斤级和71公斤级的冠军；而俄罗斯选手奥列格·赛托夫和亚历山大·列布贾克获得了67公斤级和81公斤级的冠军；51公斤级的冠军被泰国选手维占·庞利德夺去；63.5公斤级和91公斤级以上级分别被乌兹别克斯坦选手穆罕默德卡迪兹·阿卜杜拉耶夫和英国选手奥德利·哈里森获得。

第28届奥运会（2004年，希腊雅典），来自五大洲的312名拳击运动员参加了11个级别的角逐。在这次奥运会中实行了国际拳联的最新规则，级别改为11个。拳击强国古巴在此次奥运会中大获丰收，取得了5枚金牌，其中扬·巴特雷米·瓦雷拉获得48公斤级冠军，尤里奥基斯·甘博阿·托勒达诺获得51公斤级冠军，吉列尔莫·里贡多克斯再次蝉联了54公斤级的冠军，马里奥·金德兰再次蝉联60公斤级的冠军，欧德拉捏·索利斯·封蒂取得了91公斤级的冠军。另一个拳击强国俄罗斯也取得了不俗的成绩，取得了3枚金牌。阿列克谢·提卡琴科获得57公斤级的金牌，盖达别克·盖达别科夫获得75公斤级的金牌，亚历山大·波伏特金获得91公斤级以上的冠军。64公斤级的冠军被泰国选手马努斯·布江农获得，69公斤级的冠军被哈萨克斯坦选手巴克蒂亚·阿塔耶夫获得。另外，美国在此次比赛中只有安德烈·沃德取得了81公斤级的冠军。

第29届奥运会（2008年，中国北京）拳击格局重新划分。本次比赛共有来自多个国家和地区的286名运动员参加了比赛。在本届奥运会拳击比赛中，最大的赢家是中国拳击队。在此次比赛中，48公斤级邹市明和81公斤级张小平获得2枚金牌，91公斤以上级张志磊获得1枚银牌，69公斤级哈那提·斯拉木获得1枚铜牌。中国列奖牌榜第一位，开创了我国拳击运动新的历史和辉煌。传统拳击强国古巴有4人杀入决赛，但都没有取得最后的胜利，只获得4枚银牌，与上届获得5枚金牌的实力相距甚远。俄罗斯获得了2枚金牌，意大利、蒙古国、泰国、英国、哈萨克斯坦、乌克兰、多米尼加各获得1枚金牌。从本届比赛奖牌分布来看，传统拳击强国的优势已不复存在，奖牌逐渐被多个国家瓜分，不再是以往的一枝独秀。

第30届奥运会（2012年英国伦敦）本届奥运会的最大亮点就是女子拳击正式加入奥运大家庭，设3个级别，男子拳击为10个级别。20个代表团有奖牌入账，13枚金牌被8支队伍瓜分，呈现出分散态势。与上一届1金、2铜共3枚奖牌的成绩相比，英国队在本土进行的奥运会上实现了大踏步前进，亚当斯得到的金牌为女子拳击运动史上第一枚奥运会金牌，更是意义非凡。拳击传统豪强乌克兰队和古巴队各取2金，排名第二、第三位。另一支老牌强队俄罗斯队虽然仅获得了1枚金牌，但6枚奖牌的总数为所有队伍中最高，整体实力依然强劲。

从上述奥运会上拳击比赛的参加和结果情况可以看出，拳击运动在世界范围内广泛开展，技术在逐渐提高，竞争日益激烈，这充分说明了拳击运动在世界体育大家族中占有越来越重要的地位。这项运动愈来愈受到人们的青睐，并朝着健康的方向发展。由于拳击运动具有极其强烈的对抗性、健身性和职业拳击的利益驱使，使现代拳击在短短百余年的时间内，迅速发展成为世界上最大的体育项目之一，遍及到180多个国家和地区，吸引着千百万青少年拳击爱好者、拳击运动员热衷于这项运动；同时也吸引着数以亿计的拳迷观众，这些爱好者和热心拳迷，为促进现代拳击运动的发展，同样做出了功不可没的贡献。

（二）现代拳击的垄断

在1904年9月21日举行的第3届奥运会上，拳击第一次被列为正式比赛项目。由于种种原因，只有美国一个队伍参加了首次的拳击比赛，包揽了7个级别所有的7枚金牌、7枚银牌和4枚铜牌，其中美国运动员奥利弗·柯克获得了52.2公斤级和56.7公斤级2个级别的冠军，成为历史上同一届奥运会获得2枚金牌的运动员，出现了最大的垄断性比赛。

1908 年在伦敦北安普顿学院举行了第 4 届奥运会拳击比赛，当时也同样出现了上届奥运会拳击比赛类似的情况，只有东道主和澳大利亚 4 个国家的 42 名运动员参加了比赛，其中东道主英国 32 名运动员几乎包揽了 5 个级别的所有奖牌，再次垄断了奥运会拳击比赛的奖牌。

1956 年在澳大利亚墨尔本举行的第 16 届奥运会上，苏联第一次参加奥运会拳击比赛，就以 3 枚金牌、1 枚银牌、2 枚铜牌和 6 枚奖牌的最佳成绩获得团体总分第一，打破了以美国垄断奥运拳击比赛的局面。接下来的 1960 年和 1964 年，苏联连续在 2 届奥运会拳击比赛上共获得 4 枚金牌和 14 枚奖牌，奠定了世界拳击老大的形象和地位。

1968 年古巴运动员首次亮相墨西哥第 19 届奥运会拳击比赛赛场，独特的打法风格吸引了当时世界拳坛的眼球，并且首次获得了 2 枚奥运银牌。时隔 4 年，在 1972 年第 20 届慕尼黑奥运会上，古巴运动员以 3 枚金牌、1 枚银牌和 1 枚铜牌的历史性突破成绩首次战胜苏联，获得总分第一名，苏联第二，2 个国家的运动员几乎包揽了 11 枚金牌的一半，精彩的表现和突出的实力更让世界拳坛望而兴叹。

1974 年古巴首都哈瓦那承办了每 2 年 1 次的第 1 届世界拳击锦标赛，45 个国家和地区的 274 名运动员参加了 11 个级别的比赛，标志着世界拳击运动蓬勃发展的趋势。同时世界拳坛垄断格局再次形成，古巴运动员再次在家门口展示了自己的实力，以 5 枚金牌、1 枚银牌和 2 枚铜牌继 1972 年奥运会拳击比赛以来又一次获得总分第一，震惊了世界拳坛。

纵观世界拳击运动百年发展史，我们为之震惊。拳击比赛从 1904 年第 3 届奥运会 1 个国家 18 名运动员参加，发展到 2008 年第 29 届奥运会 78 个国家和地区的 286 名运动员参加；从 1974 年由 42 个国家和地区的 274 名运动员参加的第 1 届世界拳击锦标赛，发展到规模达到 127 个国家和地区的 685 名运动员参加的 2011 年第 15 届世界拳击锦标赛规模，但奥林匹克拳击运动的发展一直处于一个弱肉强食的阶段垄断状态之中。

现代拳击起源于英国，盛行在美国，美国是最早参加奥运会拳击比赛的国家。自 1956 年第 16 届奥运会起，拳击奖牌逐步被苏联（之后为俄罗斯）和古巴 2 个国家瓜分（表 1－1），世界拳坛格局第一次发生了变化，形成了俄罗斯的直线形进攻打法和古巴十字形移动打法两大传统优势风格，从而引领着世界拳坛的发展趋势。自 1986 年我国恢复拳击运动起，先后聘请了古巴和俄罗斯教练来执教国家拳击队，为我国拳击项目的发展打下了良好的基础。

表 1-1　历届奥运会拳击奖牌阶段分布统计

阶段	名次	国家	金牌/枚	银牌/枚	铜牌/枚	总数/枚	比例/%
第一阶段（1904—1952）	1	美国	24	17	17	58	26.72
	2	意大利	6	6	5	17	7.83
	3	匈牙利	6	0	0	6	2.75
第二阶段（1956—1968）	1	苏联	10	9	7	26	15.85
	2	美国	8	2	8	18	10.97
	3	波兰	5	6	10	21	12.80
第三阶段（1972—2008）	1	古巴	32	17	12	61	13.23
	2	美国	21	8	17	46	9.97
	3	俄罗斯	12	11	15	38	8.24

注：1904 年至 1952 年奖牌总数为 217；1956 年至 1968 年奖牌总数为 164；1972 年至 2008 年奖牌总数为 231。

四、我国拳击运动的发展

我国拳击历史悠久，古代武艺活动中徒手的拳脚肢体运用是古代拳击形式发展的重要源泉。徒手技击在发展中形成了颇具后世拳击特点的武艺形式，并在演化过程中为后来拳击运动的成熟和发展起较大的推动作用。随着近代西方拳击运动传入中国，中国传统的拳击运动得到较快发展，并逐步走向世界。

（一）我国古代拳击运动

中国的拳击有着悠久的历史，中国古代的拳击被称为拳搏，是古代武艺活动中的一项重要内容。拳搏起源甚早，据《述异记》所记的传说，在 5000 多年前的氏族部落时代，黄帝部落与蚩尤部落在涿鹿（今河北涿鹿县东南）进行了一次大战，蚩尤部落的人都在头上戴上假角，与对方相击斗，锐不可当，其中就包括了拳搏这一形式。这可以说是中国武艺拳搏中最古老的格斗形式之一。

商代，拳搏中的一些形式已很流行。殷墟卜辞甲骨文中出现了诸多象形字，如甲骨文中的“斗”字像两手相击；《史记》中描写商纣王“材力过人，手格猛兽”，能徒手与猛兽搏斗，是需要力气和拳搏技巧的。西周时期，拳搏是一项很重要的军事训练内容。春秋战国时代，拳搏这类徒手武艺流行较广泛。《诗经》中把“拳”与“勇”联系在一起，说明有拳有勇应是周代男子必备条件，后世拳击中的雏形在这时已经开始形成。在著名的《庄子》一书中，有一段关于拳搏的记述，指出拳搏开始时只不过是嬉戏，后来为了取胜，生出许多技巧变化，以克敌制胜。从这里可以推知，战国时期的拳搏活动，已经具备拳击技术的一些特点了。

进入汉代，由于国力强盛，统治阶级对文化娱乐活动更为需要。于是，拳搏与同时盛行的歌舞、杂技、魔术等诸类游戏形式，共同发展成为一种大型的综合性表演——百戏。在百戏中，拳搏常常是最受人喜爱的必不可少的节目。这时期，拳搏又出现了另一种名称——“手搏”。在当时的《汉书·艺文志》里就载有《手搏》6 篇，归类于兵技。强调“手搏”是以体现攻防格斗技巧为其运动特征的，它是当时军队选练与百戏表演中的重要内容。这种以巧斗力的身体联系形式，可以说是汉代拳击的重要特征，标志着中国古代具有拳击特征的拳搏在这时已初具系统化。

北魏太和十九年（495 年），孝文帝拓跋宏为天竺禅僧跋陀在嵩山五乳峰之麓创建了少林寺。据《太平广记》转载唐人编的《纪闻》和《朝野佥载》两部书所著，跋陀剃度的小和尚，多数是爱好体育活动的，其中一位叫稠禅师的和尚，“初落发为沙弥时，辈甚众，每休暇常角力，腾踔为戏，而禅师以劣弱见凌，给侮殴击者相继”。后来稠禅师练得“筋骨强劲，拳捷骁武”，和尚们不但不敢再欺侮他，反而向他习武。稠禅师的拳法惊人，可能就是他苦练的结果。这说明，包括少林寺拳法在内的中国武术，在这时已开始昭名于世，其中就有现代拳击的重要特征。宋元承袭唐五代遗风，拳搏活动愈来愈盛，这一时期的拳搏更为流行。《都城纪胜》一书载：“别有使拳，自成一家。”说明拳搏已有自己固定的套路了。明代戚继光在其《纪效新书·拳经捷要篇》中说：“古今拳家，宋太祖有三十二式长拳。”这类拳法虽然未必是宋太祖亲创，不过其中的某些招式受到宋代所出现的“使拳”技术的影响，有一定的渊源传承关系。

进入明清，拳搏得到了一定的发展。拳搏被当时的一些军事家如戚继光等视为武艺的基础。《纪效新书》中有《拳经》篇，对明代流行的拳种作了概述，反映出当时已有的各类拳法，并形成各自的流派和风格。至清代，在原来流行的一系列拳搏的基础上，又出现了一些新的拳系。当时所盛行的较大拳系有几十个，一般的套路有几百种之多。清代各家拳派不仅门派化，而且理论化、套路化。这时的拳种总的特点是以拳为主体部分，包括了踢、打、跌、拿等各种技法，内容日趋丰富多彩。这一时期，无论从普及程度，还是从内容的充实和完善来说，都是我国武艺拳术发展的重要时期，它为中国拳击运动的完善和发展打下基础。

（二）我国近代拳击运动

早在19世纪末，西方拳击运动就流传到了我国，并于1840年鸦片战争后，腐败的清政府与帝国主义列强签订了丧权辱国的《南京条约》，被迫门户开放，五口通商。从此，帝国主义的军队、传教士、商人和侨民像潮水般涌进我国，他们在“国中之国”的租界里为所欲为。他们建起了各种体育俱乐部，组织各项体育活动，拳击这项古老的运动在中国大地播种下了种子。当时外侨组织的拳击活动，都是在各地租界内进行的。每逢组织重大拳击赛时，总是以上海为比赛地点，所以上海最先成为我国近代拳击活动的中心。

20世纪20年代末到30年代初，在外侨组织的拳击赛中出现了几位中国拳击手，他们大多是归国侨胞。与此同时，职业拳击比赛也首先在上海举办。当时，规模最大的一次职业拳击比赛是为庆祝上海回力球场和天津回力球场落成的开张典礼，上海万国体育总会特地从西方国家请进一批知名职业拳手，在上海和天津两地进行职业拳击比赛以示庆祝。自此以后，上海回力球场（今卢湾区体育馆）、跑场（今文化广场）、跑马厅（今上海美术馆）、工部局市政厅（今市府大礼堂）就经常举行职业拳击赛。后来，一些大的舞厅里也时常举行职业拳击比赛，以此招揽更多的舞客。参加拳击赛的都是些洋琴儿（舞厅里的伴奏乐师，俗称洋琴儿），他们的拳击水平只是一般，纯以逗乐取笑为主。当时，外籍职业拳击手水平高的有恰恰利、乔克拉拉、金春吉（朝鲜）等

其中新加坡华侨冯慰红，作为当时的职业拳击手威名远扬。他体重51公斤，是最轻量级的职业拳击明星，拳艺全面，能攻善防，是位智勇双全不多可得的拳击手。在比赛中能巧妙地运用格挡和闪躲，使对手频频击空，并能以闪电般的速度迎击和反击。多变的战术使对手毫无招架和还击之机，往往以绝对优势取胜。当时上海与他同级别的对手对他畏之若虎，在上海的外侨拳击家也惧他三分。上海职业拳坛赞誉他为“小雷雨”，意即他体重级别小，出拳像雷雨一般迅狂。冯慰红在职业拳击赛中接受外籍拳击手挑战从不计报酬，唯一的要求就是对手必须要打10个回合以上的比赛，同时要安排在最后一场比赛以显示中国拳击手之威风。十分遗憾的是，他在上海仅逗留了几年，便于1936年返回新加坡了。

上海职业拳击手最早是由拳击三兄弟开始的，老大林中正，老二林中民，老三林中孚。林中正原是上海回力球场华人职员，他自己的拳击水平并不高，但林氏三兄弟在上海职业拳坛颇有名气，经常邀请国人拳击手参加洋办的比赛。林中孚曾任我国台湾拳击协会秘书长，1980年随队参加莫斯科第22届奥运会拳击比赛，后侨

居美国纽约。1936年在柏林举行的第11届奥运会上，我国第一次参加拳击项目比赛。在此之前，由全国遴选4名选手曾赴奥运会前的训练，他们是王润兰、靳贵第和、靳桂和李梦华。为了取得更好的成绩，他们特地到上海聘请前澳大利亚拳击冠军丁格尔进行赛前辅导，最终成行的是王润兰、靳贵第和靳桂3名拳击运动员，费用由32军军长商震支付。结果他们在柏林的比赛中，没有打完第1回合，就被对手击倒。

第一位最早的中国自己的职业拳击经纪人出现在20世纪40年代。1941年12月，圣诞节前日军偷袭珍珠港。日军入侵上海租界地前后，第一位外籍职业拳击经纪人是徐德馨，上海崇明人，国际海员，通晓英语，酷好拳击，到过不少国家，收集了不少拳击资料。20世纪20年代末，就曾经参加外侨组织的拳击的活动；1927年拜国际名拳师乔·伊格尔为师，学习拳击技术；1930年毕业后，在香港谋得国际海员之职。这使他有许多机会观摩考察拳击赛，也收集了大量有关拳击的资料，并在工作之余多次参加职业拳击赛。抗战后期，他以“中华拳击协会”的名义参加上海国际拳击协会，充当职业拳击经纪人，组织国人拳击手参加职业拳击比赛，对开展中国职业拳击比赛做出了不少工作。1936年，徐德馨决心培育中国青年一代拳击手，由他创办的中华拳击会，聘请亚洲冠军菲籍杨·邓迪和拳击高手乔·克拉勒为助理。从此，中华拳击会经常举办有外侨参加的拳击赛，相互角力经验，促进了拳击事业的发展。

在中国近代拳击运动史上，业余拳击选手早在20世纪30年代就出现了，周盘贸、郭慧德、曾锦才是30年代初上海3位较有影响的业余选手。中西业余拳击比赛出现在20世纪40年代，第1届举办于1941年秋，原定每年举行1次，后由于爆发了第二次世界大战，日军侵占租界，非日、德、意轴心国侨民都关进了日本军集中营，一年一度的中西拳击比赛也就自动停止了，直到抗日战争胜利又恢复了比赛。但前后仅举行了两届比赛。中西业余拳击比赛主办单位是上海中华基督教青年会体育部，参加比赛的对象都是居住在上海的中西业余拳击运动员，在沪的职业拳击手是不准参加比赛的。

第1届中西业余拳击赛在上海四川中路青年会第一分会（现在的浦光路中学篮球馆）举行，报名参赛的有英国、西班牙、意大利、葡萄牙、苏联、犹太（以组织的名义参加）、日本、朝鲜、菲律宾和中国选手等40余人，上海选手有圣约翰大学学生孙天明、李墙根，精武体育会的郭振英、周士彬，英租界工部局蒋惠莉。当时的比赛规程严格规定：参加者必须有6个月以上连续保持训练，并须有教练员签字证明和持有医生体检合格健康证书方可报名参赛。这次比赛结果，郭振英3战3胜荣获冠军，周士彬2战1胜1负，获第3名。

1964年8月10—16日，第2届中西业余比赛在青年会八仙桥总会篮球馆举行。这届比赛是由原国民党政府财政部部长孔祥熙资助，并在开幕式和闭幕式致辞，比赛还请他给运动员发奖。这是抗日战争胜利后，第一次比较大规模的比赛，有苏、意、葡、西、菲、朝等国侨民业余拳击运动员50余人参加，精武会4名选手参加。在比赛中，周士彬3战3胜，荣获轻中级（147磅）冠军；陈祖良3战2胜1负，获该级的亚军；顾伯麟3战3胜，荣获中量级（156磅）冠军；高士宗3战2胜1负，获该级亚军。

中国近代史上的拳击运动，除了最早的几次职业比赛和2届中西业余拳击赛之外，较少举办过大的拳击比赛。而就是这类比赛，也是中、外或中、侨联合进行的地方性比赛。虽然在1936年第11届奥运会上曾派拳击手参加了比赛，却未有成绩，影响不大。实际上，在中国近代拳击史上有着较大影响的，还是中国拳击史上首次全国比赛——旧中国第7届全国运动会拳击比赛，本届全运会于1948年5月5—16日在上海举行。在这届运动会上，拳击被首次列为正式项目。当时拳击比赛分为10个体重级别，但只有7个级别的运动员参加。在这届运动会上，许多省市包括台湾在内的拳击手参加了比赛。比赛结果：重量级（81公斤）冠军为广东的何友彰；中乙级（63公斤）冠军是上海的周士彬；中丙级（63.5公斤）冠军是上海的李恺；轻甲级（60公斤）冠军是广东的黄勤；轻乙级（57公斤）冠军是上海的黄增修；轻丙级（54公斤）冠军是台湾的萧文宗；轻丁级（51公斤）冠军亦是台湾的陈明标。当时的拳击附属于国术项目之内，由著名武术家王怀琪主持。

在近代中国拳击界，曾出现了许多著名的去拳击名家，除了前面提到的新加坡华侨冯慰红，上海职业拳手林中正、林中民、林中孚三兄弟，第一位职业拳击经纪人是徐德馨之外，影响较大的还有出生广东的拳击家陈汉强以及陈汉强的得意弟子郑吉常。陈汉强是一位品德优良的拳击家，1891年出生在广东，青年时随家人去澳大利亚悉尼定居。悉尼是具有悠久历史的世界拳击中心，那里拳击家云集，拳赛活动非常频繁。陈汉强就是在这良好的拳击环境里成长起来的。到悉尼后不久，他就迷上了拳击，和拳击结下了不解之缘。他身材不高，但两臂较长，厚胸阔背，在拳击赛中凭借熟练高超的拳技和有强大打击力的铁拳，挫败过无数对手，是位典型的拼搏型拳击家。

由于当时我国国际地位低，侨居海外的炎黄子孙到处遭受歧视和欺压，这使陈汉强在攀登拳击顶峰的道路上经历了许多坎坷。但他有民族气节，热爱祖国，勤学苦练，闯过了重重难关。1919年澳大利亚举办全国拳击锦标赛，主办者害怕冠军荣誉落到中国人手里，千方百计地阻挠他参赛，直至他在拳赛中连连获胜，才不得不让他进入冠军联赛的行列，取得锦标赛的资格。在比赛中，陈汉强过关斩将，所向披靡，终于在20回合的决赛中，以积分优势击败了对手奇克，实现了他早年的愿望，荣获澳大利亚全国重量级（126磅）冠军和15 000澳元的奖金。这是他在拳坛上奋斗10年所取得的辉煌成就，这一惊人的消息，震惊了全澳大利亚和国际拳坛。

20世纪20年代末，36岁的陈汉强怀着振兴祖国拳击事业的赤子之心，远渡重洋回到上海，在上海精武体育会开设了中国第一个拳击训练班并亲自任教练，耐心教练拳技，培育祖国青年一代拳击手。他对我国的拳击运动，做出了一定的贡献，这位闻名于国际拳坛的老拳击家于1957年离开内地去香港定居，两年后因病在香港逝世，享年66岁。

20世纪20年代，活跃在拳坛的还有一位著名的拳击手，他就是陈汉强培育的高徒——郑吉常。郑吉常出生于广东，12岁时随着双亲到上海定居。他身体强壮，动作敏捷，反应快速，是一名优秀的拳击高手。他在战术上创造了一种特殊的进攻技巧，先用左拳从不同的角度，发出连珠炮般的单拳，忽上忽下，或左或右，迷惑对手，迫使对手失去平衡进去攻击圈内；然后立即把握住瞬间良机，紧密配合右拳突然重拳。他出拳神速如蛇舌伸缩，打击力强，命中率高，被人誉为拳击界的“毒蛇”。在他20岁那年，受日本名教练山本的邀请，单枪匹马东征日本，击败了山本所有的高徒。回国后，他曾在上海华侨青年会击败被称为“最难对付的高手”英国海军军官艾尔·费埃，使中国人扬眉吐气。

1936年第11届奥运会时，有关方面邀请郑吉常参加，但由于当时政府不重视体育，费用必须由运动员自己负担一半，为此他不得不放弃这一机会。郑吉常继陈汉强之后，在精武体育会任教多年，他培养出来的学生遍及全国各地。其中在拳坛上享有盛誉的李培根和上海体育学院的周士彬教授等都是受过他教益的门人，郑吉常在新中国成立前的第7届全运会中首任拳击裁判工作。新中国成立后，他任上海市拳击摔跤协会筹备会副主任、上海市拳击队主教练。1986年我国拳击运动恢复后，他任上海市拳击协会副主席。他对我国拳击事业的发展有着不可磨灭的功绩。

从古代的徒手技击，到早期拳击运动的雏形——拳搏，再到后来拳击运动的逐渐形成，直到西方现代拳击运动项目传入中国，中国的拳击运动走过了一段漫长的路程。就中国近代拳击运动而言，它是在中国近代的拳击运动，通过广泛普及、交流和参与国际竞技，为当代中国拳击运动的开展奠定了坚实的基础。

（三）我国现代拳击运动

我国现代拳击始于20世纪20年代后期，最初称之为“西洋拳”。先有人翻译了一本《西洋拳术》。20世纪30年代，旧中国南京国民党政府的中央国术馆、国立国术体育专科学校将拳击列为主课之一，培养出了不少人才，如武术界老一辈张文广、温敬铭、李锡恩、李浩、卜恩宫、吴玉昆、蒋洁泉……他们也都是擅长拳击的高手，在20世纪30—40年代称雄一时。在抗日战争前，拳击很盛行，当时教会（天主教、基督教）办的中学和大学把拳击作为体育课的内容之一。1936年在德国举行的第11届奥运会上，中国派出了69人参加，其中由原国民党陆军32军商震部队派出了2名拳击手靳贵第和王润兰，他们都在预赛中被淘汰，当时还有李梦华、靳桂两人参加了集训。1948年在上海举行的旧中国第7届全运会上也有拳击项目，然而参加的运动员寥寥无几，比赛的级别也不齐全。

新中国成立后，1953年11月在天津举行的全国民族形式体育表演及竞赛大会中设有拳击比赛项目，有7个单位的27名拳手参加了6个级别的比赛。张立德、王守忻、靳金绎分获中量级、最轻级和次重组冠军，余吉利和陈新华分别获得次中级和轻量级冠军，轻中级的桂冠被孙吉枝获得。1957年在上海召开了全国15城市拳击锦标赛，有53名运动员参加了9个级别的比赛。获得冠军的选手是：王守忻、周士彬、张立德、陈新华、张华强、许连生、王修纯、顾景裕和叶来洪。1958年，我国拳击史上规模较大的一次盛会——城市拳击锦标赛（10个级别）在北京开幕。有142名拳手参加了比赛，获得团体总分前3名的是上海队、北京队和天津队。

1958年3月，上海体育学院举办了全国体育院系拳击教师训练班；同年8月，国家体委在上海集中全国选手和教练员，又举办了一次拳击教练员培训班。1959年第1届全运会筹委会曾把拳击作为大会竞赛项目。由于体育运动的“大跃进”，各省市为了在第1届全运会上“放卫星”，做贡献，盲目发展拳击运动，出现了不少伤害事故。后来感到大规模全国性拳击比赛条件还不成熟，就暂时撤销了这个比赛项目。1959年3月，由于种种原因，拳击运动被迫暂停开展。

1979年12月，世界著名拳王、美国人穆罕默德·阿里应邀来我国访问。邓小平同志在接见阿里时指出“拳击运动也可以成为增进中美两国人民的了解和友谊的渠道”之后，拳击运动开始复苏，不少城市相继举办了拳击表演和比赛。1985年，阿里第二次访问我国。1986年，阿里三访我国。

1980 年，我国允许拳击在一定范围内进行试验，为正式恢复拳击做了大量的准备工作。1982 年 2 月，当时的国际业余拳击联合会秘书长安瓦尔·乔杜里（现任国际业余拳击联合会主席）应邀来我国北京体育学院（现北京体育大学）讲学。乔杜里先生说：“不能设想，一个没有十多亿中国人民参加的国际体育组织，称得上是真是的国际体育组织。”

1986 年 3 月，我国正式恢复了拳击运动。1986 年 8 月，国家体委陆续下发了《开展拳击运动暂行规定》《拳击活动的安全防护措施》《拳击竞赛管理办法》等文件。1987 年 1 月，在北京举行了恢复拳击后的第一次拳击比赛。1987 年 4 月，中国拳击协会（CBA）正式成立，5 月在南京举办了首届全国拳击锦标赛。1987 年 6 月，中国拳击协会被 AIBA 正式接纳为第 159 个会员，使中国业余拳击进入世界业余拳击的大家庭当中。

近年来，我国运动员在世界和洲际大赛上捷报频传。1988 年在韩国汉城举行的第 24 届奥运会上，我国拳击运动员刘栋进入了前 8 名。1990 年在北京举行的第 11 届亚运会上，我国运动员白崇光获得 81 公斤级冠军。1993 年亚洲拳击锦标赛上，我国拳击运动员江涛获得 91 公斤级冠军。1993 年在上海举行的第 1 届东亚运动会上，我国拳击运动员获得 4 枚金牌、4 枚银牌、3 枚铜牌。1994 年在广岛亚运会上，我国拳击运动员获 1 银 2 铜。1994 年泰国曼谷举行的第 7 届世界杯拳击赛中，我国运动员单孝强获 54 公斤级第七名。1995 年在亚洲锦标赛上，我国拳击运动员共获得 4 枚铜牌。1997 年在第 2 届东亚运动会上，我国拳击运动员获得 5 银、5 铜的好成绩。在 1996 年亚特兰大奥运会上，我国著名拳击运动员江涛获得了 91 公斤级拳击比赛的第 5 名。特别值得一提的是，在 2004 年雅典奥运会上，我国 48 公斤级选手邹市明获得了该级别第三名，这是当时我国拳击运动员有史以来在奥运会拳击比赛中取得的最好成绩。更振奋人心的是继 2004 年的突出表现后，在 2008 年奥运会上邹市明更是一举夺得奥运会金牌，实现了我国拳击史上的重大突破。这一成绩的取得，极大地鼓舞了我国拳击界的士气，为在今后的国际大赛中取得更好成绩，树立了信心，看到了拳击运动在中国开展的前途。

（四）我国拳击运动发展总结

我国拳击运动的发展道路是曲折的。1958 年的全国拳击比赛，由于医疗、裁判员制裁水平等因素，导致了意外事故，给国人留下了“拳击过于残忍”等不良印象，因而在中国一度被禁，由此中国拳击运动进入了漫长的“沉睡阶段”。

26 年后，世界拳王阿里的到来改变了中国拳击运动的命运，邓小平一句让阿里多来中国“带带徒弟”的中肯话语，使我国拳击运动开始“解冻”。在近30年的“蛰伏期”中，中国拳击运动的发展水平与世界拳击强国的差距甚远。用中国拳击队总教练张传良的话说：“当时，不用说碰古巴、俄罗斯这些强国选手，如果能偶尔赢下泰国和韩国选手，也是件非常了不起的事了。”

我国拳击运动自1986年恢复以来的20多年中，我们先后聘请了苏联、古巴、菲律宾等拳击强国的教练来执教国家队，试图迅速提高我们的水平，虽然他们的到来给我们带来了先进的训练方法和手段，但是实践证明中国拳击运动的发展完全依赖国外专家不符合我国国情，必须依靠我们自己，充分挖掘自身潜力，发挥中国人的聪明才智，必须探索出一条符合我国拳击运动发展之路。直到21世纪初，这一阶段可称为中国拳击的“探索阶段”。

经过我国拳击界几代人“探索阶段”的经验积累，逐步摸索出了一条具有中国特色的拳击发展之路。由于我们训练理念的提升和训练手段的创新与运用，我国拳击运动员的竞技水平迅速提高。近几年，在世界拳击大赛中不仅崭露头角，而且取得了骄人战绩。首先，在2003年第12届曼谷世界拳击锦标赛上，邹市明获得了48公斤级的1枚宝贵银牌，实现了中国拳击运动的历史性突破；继而他在2005年、2007年连续两届世界拳击锦标赛上蝉联冠军。中国拳击队在北京奥运会上又获得了2金、1银、1铜的空前胜利，在拳击金牌榜上力压俄罗斯的2金、1银，占据了榜首的位置，终于实现了中国拳击百年奥运会梦想。这一阶段可称为中国拳击运动的“快速发展阶段”。

反思我国拳击运动20多年的艰难发展历程，不论在拳击理论研究方面，还是在实践运用上，都明显落后于其他拳击强国。我国拳击界的传统观念认为：拳击就是直拳、摆拳和勾拳3种拳法的组合运动，在比赛过程中就是看谁的拳重，甚至认为是把对手击倒的简单过程。在相当长的一段历史时段，一直把“狠、重、拼”作为指导思想。在训练和竞赛过程中，过分看重运动员的力量和毅力的发展水平，而对拳击运动的性质和复杂的技战术系统缺乏深刻的认识。从遗传学的角度来看，我们的确对本民族的性格和体能特点认识不够，而忽视了我国运动员的小巧灵活、机智变善的特点，拿我们的劣势去拼对手的优势，在以往的国际大赛中让我们吃了很多苦头。甚至到了20世纪90年代初期，我国拳击运动员参加国际比赛第一轮就全军覆没，一场比赛下来，能够打满3个回合、坚持9分钟不被击倒已经成了运动员参赛的第一目标。从文化学的角度来看，我国几千年来一直受儒家文化的影响，信奉中庸之道，而拳击运动的外来文化，是舶来品，我们对它的研究起步较晚，理论吸收与实践运用几乎全部是拿来主义。到目前为止，我们尚未建立一整套行之有效、科学化的拳击理论体系，与我国乒乓球、跳水等优势项目相比，拳击仍属于潜优势项目。

从拳击项目的性质角度来看，拳击属于格斗对抗性项目，运动员的技战术水平是决定其竞技能力高低的决定性因素，也是运动员竞赛制胜的关键因素。所谓拳击技术就是指拳击运动员运用自身的身体能力，合理、有效地完成进攻、防守和反击动作的方法。其中，要做到“合理”和“有效”就必须遵循人体运动学规律，符合生物力学原理，充分发展人体最大潜能并使之转化到运动成绩上去。拳击战术就是拳击运动员在比赛中根据场上各方面的信息变化，充分发挥自己的特长，为获胜而采取的计谋和行动，是一种思维上的谋略、行动上的技巧。

从目前我国拳击运动竞技水平和伦敦运动会参赛人数上看，中国拳击运动位居世界拳击强国的第二集团，与世界拳击第一集团俄罗斯、古巴、乌克兰等国家相比，无论是运动员技战术水平，还是整体对拳击运动认识的底蕴都有一定的差距。尤其是在当今拳击新规则、新尺度以及世界拳坛格局的变化过程中，我国拳击项目面临着巨大挑战。

五、世界拳击发展趋势

（一）以欧洲为主，渐次普及

从 2011 年巴库第 16 届世界拳击锦标赛暨 2012 年伦敦奥运会第一站资格赛参赛国家及运动员人数来看（表 1－2），世界各国拳击界都高度重视，纷纷派出最优秀的选手参赛，其中俄罗斯、古巴、乌克兰、阿塞拜疆等 17 个国家都以 10 名运动员全额参赛。

（二）欧亚实力突出，整体差距显著

2011 年巴库第 16 届世界拳击锦标赛暨伦敦奥运会第一站资格赛，共设 92 个资格名额，其中 49、52、56、60、64、69、75 和 81 公斤级前 10 名运动员可获得奥运参赛资格（16 进 8 时输给冠亚军的 2 名为第九和第十名），91 公斤级和 +91 公斤级前 6 名运动员可获得奥运参赛资格。

表 1－2　第 16 届世界拳击锦标赛各大洲参赛运动员统计

大洲	级别/公斤										合计/人
	49	52	56	60	64	69	75	81	91	+91	
非洲	7	7	8	8	8	9	8	5	3	3	66
亚洲	14	22	18	19	19	14	16	14	8	6	150
欧洲	17	20	22	27	27	29	28	24	26	22	240
大洋洲	0	1	1	1	1	3	2	2	1	3	16
总计/人	48	59	57	66	67	63	67	56	47	40	570

欧洲运动员在本届世界拳击锦标赛上获得了 47 个伦敦奥运会拳击比赛资格，整体实力突出。其次是亚洲运动员，共获得了 28 个奥运资格；非洲和大洋洲运动员各夺得 1 个参赛席位，与他们在场上的竞技能力表现基本吻合（表 1－3）。

从各大洲运动员的实力看，亚洲运动员在 49 公斤级中表现突出，共夺得 6 个资格。其中，我国著名运动员邹市明获得该级别冠军，韩国年轻小将申江宏获得亚军，曾在 2009 年米兰世界拳击锦标赛上获得冠军的蒙古运动员塞尔丹巴获得第三，亚洲运动员包揽了该级别前三甲。欧洲运动员在大级别上依旧实力出众，在 91 公斤级和 +91 公斤级上各获得 6 个资格中的 4 席。

表 1－3　各大洲运动员获得伦敦奥运会拳击比赛资格比赛资格情况

级别/公斤	非洲	美洲	亚洲	欧洲	大洋洲	合计/人
49		1	6	3		10
52		2	2	5		9
56	1	2	2	5		10
60		2	5	3		10
64		1	2	7		10
69		1	3	6		10
75		1	2	7		10
81		2	4	3	1	10
91		1	1	4		6
+91		1	1	4		6
总计/人	1	14	28	47	1	91

注：＊52 公斤级中有英国和威尔士 2 名运动员获得奥运资格。

（三）参赛运动员呈年轻化趋势

据第 16 届世界拳击锦标赛各国运动员的报名情况，35% 左右的运动员参加了

2010 年世锦赛，大批有天赋的年轻拳击手成为主旋律。他们在比赛中体能充沛、敢打敢拼，给不少世界冠军造成了强烈的冲击。在 +91 公斤级 1/8 决赛中，2010 年世锦赛上获得冠军的 19 岁的克罗地亚小将赫尔戈维奇完胜罗马尼亚的尼斯托，在 1/4 决赛中，负于了亚运会亚军哈萨克斯坦的多奇克，就多奇克来讲，只有 21 岁，他最终战胜了中国的张志磊获得季军。罗马尼亚 21 岁小将尤拉托尼先在 75 公斤级 1/8 决赛中淘汰了古巴的北京奥运会银牌得主科里亚，为罗马尼亚获得第一个伦敦奥运会资格，接着又战胜亚美尼亚世界亚军哈克布扬进入半决赛，确保了一枚奖牌。根据运动训练学，由于运动员生理功能及心理发育的自然规律，以及在训练与竞赛负荷的影响下运动员生物适应状态发展变化的规律，决定了大多数优秀拳击运动员进行专业运动训练和竞赛夺标都具有一定的年龄特征。在本届世界拳击锦标赛上所涌现出的这些年轻小将的确让世界拳坛眼前一亮。表 1 - 4 是第 16 届世界拳击锦标赛上获得冠军的选手和所有级别参赛选手平均年龄的统计结果。

表 1 - 4　第 16 届世界拳击锦标赛各级别运动员的年龄特征

级别/公斤	运动员	国家	冠军年龄/岁	平均年龄
49	邹市明	中国	30	23.6
52	阿洛安	俄罗斯	23	23.5
56	阿尔瓦雷斯	古巴	20	24.8
60	洛马钦科	乌克兰	23	23.6
64	桑托斯	巴西	23	23.8
69	谢列斯丘克	乌克兰	26	24.7
75	赫依特罗夫	乌克兰	23	25.3
81	克鲁斯	古巴	22	24.7
91	尤塞克	乌克兰	24	25.5
+91	梅德兹多夫	阿塞拜疆	25	24.7

依表 1 - 4 来看，获得本届世界拳击锦标赛各级别冠军的年龄在 20 ~ 30 岁这样一个区间，波动较大；而从各级别参赛运动员的平均年龄来看，所处的区间是 23.5 ~25.5 岁，相对集中。从表 1 - 4 中也可以看出，邹市明是 10 个级别冠军中年龄最大的运动员，比古巴 56 公斤级运动员阿尔瓦雷斯整整大了 10 岁，比其他 8 个级别冠军运动员平均年龄也将近大了 6 岁。同时，也发现世界各拳击强国已陆续完成了新老运动员的交替，如古巴国家拳击队参赛运动员的平均年龄为 21 岁，乌克兰运动员的平均年龄为 23 岁，都低于本次比赛各级别冠军的平均年龄 23.9 岁。从本届世界拳击锦标赛参赛运动员的年龄特征看，在看到我们的各种优势的同时，也应充分

估计到这些刚崛起的年轻运动员所构成的极大威胁，以便在以后奥运会的备战过程中使我们艰苦的赛前训练更有针对性和目的性。

（四）乌克兰异军突起，世界拳坛格局动荡

毋庸置疑，俄罗斯和古巴作为业余拳击运动发展最好的国家，一直引领着世界拳击运动技战术发展的方向，为世界拳击运动的发展做出了巨大贡献。随着世界拳击运动的快速发展，除老牌拳击强国之外，目前乌克兰、阿塞拜疆和英格兰等拳击运动水平也不容小觑，尤其，乌克兰的拳击运动水平更为突出。

我们对世界各国在2009年米兰世界拳击锦标赛和2011年巴库世界拳击锦标赛上的奖牌获得情况进行了统计（表1－5）。

表1－5　2009年米兰世界拳击锦标赛和2011年巴库世界拳击锦标赛奖牌分布情况

序号	金牌		银牌		铜牌		奖牌	
	2009 米兰	2011 巴库	2009 米兰	2011 巴库	2009 米兰	2011 巴库	2009 米兰	2011 巴库
1	俄罗斯2	乌克兰4	俄罗斯4	乌克兰1	俄罗斯2	乌克兰0	俄罗斯8	乌克兰5
2	意大利2	古巴2	意大利0	古巴1	意大利0	古巴0	意大利2	古巴3
3	古巴1	阿塞拜疆1	古巴1	阿塞拜疆1	古巴2	阿塞拜疆0	古巴4	阿塞拜疆2
4	乌兹别克1	俄罗斯1	乌兹别克1	俄罗斯0	乌兹别克2	俄罗斯2	乌兹别克4	俄罗斯3
5	蒙古1	巴西1	蒙古1	巴西0	蒙古1	巴西1	蒙古3	巴西2
6	乌克兰1	中国1	乌克兰1	中国0	乌克兰1	中国1	乌克兰3	中国2
7	波多黎各1	哈萨克0	波多黎各1	哈萨克2	波多黎各0	哈萨克2	波多黎各2	哈萨克4
8	德国1	英国0	德国0	英国2	德国1	英国1	德国2	英国2
9	保加利亚1	日本0	保加利亚0	日本1	保加利亚0	日本0	保加利亚1	日本1
10	亚美尼亚0	韩国0	亚美尼亚1	韩国1	亚美尼亚0	韩国0	亚美尼亚1	韩国1
11	美国0	威尔士0	美国0	威尔士1	美国0	威尔士0	美国1	威尔士1
12	中国0	意大利0	中国0	意大利0	中国2	意大利2	中国2	意大利2
13	法国0	乌克兰0	法国0	乌克兰0	法国2	乌克兰2	法国2	乌克兰2
14	白俄罗斯0	白俄罗斯0	白俄罗斯0	白俄罗斯0	白俄罗斯1	白俄罗斯1	白俄罗斯1	白俄罗斯1
15	格鲁吉亚0	德国0	格鲁吉亚0	德国0	格鲁吉亚1	德国1	格鲁吉亚1	德国1
16	匈牙利0	印度0	匈牙利0	印度0	匈牙利1	印度1	匈牙利1	印度1

续表

序号	金牌		银牌		铜牌		奖牌	
	2009 米兰	2011 巴库	2009 米兰	2011 巴库	2009 米兰	2011 巴库	2009 米兰	2011 巴库
17	印度 0	爱尔兰 0	印度 0	爱尔兰 0	印度 1	爱尔兰 1	印度 1	爱尔兰 1
18	爱尔兰 0	立陶宛 0	爱尔兰 0	立陶宛 0	爱尔兰 1	立陶宛 1	爱尔兰 1	立陶宛 1
19	哈萨克 0	蒙古 0	哈萨克 0	蒙古 0	哈萨克 1	蒙古 1	哈萨克 1	蒙古 1
20	墨西哥 0	罗马尼亚 0	墨西哥 0	罗马尼亚 0	墨西哥 1	罗马尼亚 1	墨西哥 1	罗马尼亚 1
21	韩国 0	塔吉克 0	韩国 0	塔吉克 0	韩国 1	塔吉克 1	韩国 1	塔吉克 1
22	委内瑞拉 0	美国 0	委内瑞拉 0	美国 0	委内瑞拉 1	美国 1	委内瑞拉 1	美国 1
总计	2 11	22 10	22 11	22 10	22 22	22 20	22 24	20 40

从表 1－5 中可以看出，俄罗斯在 2009 年世界拳击锦标赛上共有 6 名运动员进入决赛，并以 2 枚金牌、8 枚奖牌的总成绩排名第一，而在 2011 年巴库世界拳击锦标赛上成绩则明显下降，只获得了 1 枚金牌，总成绩排名第四；古巴在巴库世界拳击锦标赛上获得了 56 公斤级和 81 公斤级两个级别的冠军，共获得了 4 张伦敦奥运会的入场券，列奖牌榜次席；巴西 64 公斤级运动员于 2011 年获得了世界拳击锦标赛史上的首枚金牌，以 1 枚金牌、2 枚奖牌的总成绩位居世界第五的行列；英格兰是伦敦奥运会的东道主和现代拳击运动的发源地，巴库世界拳击锦标赛成绩明显提升，获得 2 银、1 铜的好成绩，其中包括重量级银牌，并拿到 4 张奥运会入场券，令人刮目。相比而言，乌克兰运动员在巴库世界拳击锦标赛上的异军突起让世界拳坛为之震惊，获得了 60 公斤级、69 公斤级、75 公斤级和 91 公斤级 4 个级别的冠军以及 64 公斤级的亚军，共获得了 6 张奥运会入场券。特别是其有 6 人进入半决赛，5 人进入决赛，4 人夺冠，而在两年前米兰世界拳击锦标赛上，乌克兰只获得 1 金。由此可见，乌克兰运动员的技战术水平显著提高，尤其是他们表现出的压迫式打法，具有很高的技术含量，是技术与力量的完美结合。从奖牌的总体分布来看，2 届世界拳击锦标赛的奖牌被 22 个国家分割。2009 年米兰世界拳击锦标赛欧洲获得 23 枚奖牌、亚洲 13 枚、美洲 6 枚。从成绩上看，虽然各大洲的奖牌获得情况几乎没有变化。但是，在 2009 年世界拳击锦标赛上则有 6 个国家获得金牌。因此可以看出，世界拳坛金牌分布有相对集中的趋势。另外，从总体上看，欧洲拳击整体实力相对稳定，占据着世界拳坛的半壁江山；而在亚

洲和美洲，极少数国家的拳击实力较强。

（五）世界拳击运动新规则下的判罚特点

从 2010 年 1 月 1 日开始，AIBA 采用了新的记分方法，取消了以往“1 秒钟的时间窗口”和“有效点”的记点方式，每个回合取最接近 3 名评判的比分，计算平均值，最后累加 3 个回合的比分为最终比赛结果。拳击运动新旧规则的计分方法对比如表 1－6。

表 1－6　拳击运动新旧规则下的计分方法对比

项目	旧规则	新规则	效果
参与裁判员数	3 名以上裁判共同判定	独立计分，取 3 名接近分数	比分数增加
判定时间	窗口打开 1 秒钟内	无时间限制	更加准确
比分显示	实时显示比分	每回合间隙时间显示	难以预测比赛结果

拳击运动旧的评分方式注重清晰、有力地单拳进攻，新的评分方式除要求进攻拳要清晰、有力以外，对比赛过程中占据主动、攻防往返能力强的运动员关注度更高。根据这一规则变化，想要赢得比赛就要多出拳，加大进攻强度和攻防转换节奏。根据现场观看 2011 年巴库世界拳击锦标赛裁判员们的执裁情况，并结合我国拳击队参加巴库世界拳击锦标赛的经验总结，我们认为，目前拳击运动在实施新规则后裁判员的判罚有以下新趋势：第一，台上裁判员对运动员开掌拳击打判罚尺度比以往有放宽趋势；第二，台上裁判员对消极、搂抱等非拳击技术犯规动作加大了判罚力度；第三，台上裁判员合理运用有利和无利判罚原则进行执裁；第四，台下评判员鼓励积极主动进攻一方运动员多得点，打分更加独立。在提倡进攻、多出拳、严判消极防守的判罚趋势下，欧洲和俄罗斯等国的运动员良好的连续进攻行为更符合新规则的要求，他们的竞技能力在比赛中也得到强势发挥。可以说，乌克兰是规则变动后竞赛成绩增长最明显的国家。

第三节　拳击运动对生理和心理的影响

一场高水平的拳击比赛，是一种不可言语的艺术享受。拳击竞技的特点，就是它展示了攻与防的技术性和艺术性。拳击运动员们在拳台上表现出的灵活的步伐、灵敏的出击、潇洒的搏击、机动的战术、强健的体魄、智慧的升华，无不给观众以深刻的影响，这也是把大家拉到拳击台前的强大动力。在比赛中由于自己支持的队员的表现，而使观众在心理感受与参与拳击台上的瞬间优劣变化相互交换起伏着，他们在这种特殊的环境中得到了陶醉与梦幻般精神上的愉快享受。

拳击运动，尤其是业余拳击，在当今世界被许多国家看成是一项最有价值、最重要的运动。这是因为拳击运动具有提高人体神经系统、呼吸系统和运动器官等功能的效果；另外，在严格规则的限制下，还培养了人的高尚体育道德。更突出的是，现代的人类社会，是一个充满竞争的时代，优胜劣败。在拳击的训练和比赛中，对年轻人所培养的不畏强者、不怕艰苦，面对重击敢于取胜的精神，定会对其坚强性格的形成有所渗透，使其无论在工作或生活中，都会通过自己的勤奋努力成为一个对祖国，对社会有所贡献的强者。

一、拳击运动对人体神经系统的影响

拳击运动的比赛和训练，是在不断躲闪、进攻移动和防守中进行的。尤其是在比赛中，谁能较多准确、果断、有力地击中对方身体的规定得分部位，谁就能取胜。拳击是一种人对人的运动。双方为了保护自己、打击对方，都在不断地调整距离、均衡性和转换的灵活性，都提出了很高的要求。一个优秀的拳击运动员，必须具有快速的反应能力、敏捷的躲闪能力，以及准确的判断能力，这些都属于神经系统的功能。显然，那种兴奋过程太强、抑制过程较弱的人，不可能成为优秀拳击运动员。

二、拳击运动对心脏和血管系统的影响

心率，即每分钟的心跳频率。拳击比赛参赛者的心率，在第三个回合结束，锣声锣响的即刻，运动员的平均心率是每分钟 129 ~ 132 次。这相当于田径项目 1 500 米跑比赛中遥测的心率数。这个心率值，标志着运动血液循环和呼吸系统的机能已接近于本人的最高水平。显然，拳击运动这种强大的训练和比赛，对提高人体的心肺功能是十分有益的。

三、拳击运动对运动器官的影响

“发展体育运动，增强人民体质。”拳击作为一种锻炼身体、增强体质的非常好的体育项目，能充分表现出全部身体素质。快速出拳击打的动作是得分的根本方法，并且要把这种动作坚持长时间，这就需要以速度为先导的力量和耐力来完成；机敏

的反应可使各种动作根据进攻的和防守的需要在瞬息万变的形势中不断变化；同时肢体随心所欲地活动到最大范围，这又体现了柔韧性。并且在一系列的组合动作中体现出高度的协调性。无论是在打沙袋、对练，还是实战，都是锻炼身体、增强体质的有效手段。一个拳击运动员在对应训练及比赛中，要经常采取两臂屈肘抬起的动作，以防止对手可能的攻击，并随时伺机给对方以重击。诸如此类灵敏而有力的动作，如果没有发达的肩带肌、三角肌、肱二三头肌及前臂快速地伸屈转换是不可能的。同时，必须有强有力的胸大肌和腹肌，才有利于保护胸部和腹部的内脏器官。在激烈的比赛中，需要两腿不断移动，并持续处于微屈膝的姿势，如果没有强壮的股四头肌，大腿和小腿肌群来支撑，就会过早地失去平衡，导致站立不稳而不能坚持比赛。

四、拳击是一项非常有意义、有价值的体育教育活动

体育是教育过程中的一部分。在运动过程中，锻炼者不仅得到了强健的身体，更重要的是培养和训练他们勇敢、机智、灵活、果断、顽强不屈的意志品质和在逆境中不怕苦难，克服艰难的战斗精神。在对练和实战中，由于肢体始终处于活动状态，精神处于争强好胜的兴奋状态，同时产生荣誉感、自豪感、进取感、自尊心。表现出个人的道德和意志品质，由此出现的相应行为往往是人生观、世界观、道德水准等品质的体现。这就提供了进行教育的时机，要求运动员要有涵养、要互相尊敬、遵守纪律、服从裁判，在比赛中要体现出男人的阳刚之气。

五、拳击运动对人的各方面能力的培养

拳击的对练和比赛过程中，要不断地根据场上的情况，以敏捷的思维，迅速适时地决定自己的技战术。这就要求有良好的观察力、判断力、想象力和思维力。通过实践，这些能力就可以得到锻炼和提高。

培养竞争能力。现代社会处在竞争的时代，没有良好的竞争意识是很难在社会上立住脚的。在你来我往的对抗中，两人都勇敢顽强，坚毅果断，对竞争能力和意识的培养是十分有效的。有竞争就有输赢，只有正确对待竞赛中的胜败，才可能适应社会的激烈竞争。

培养自我奋斗的能力。在练习和比赛中，大部分时间是靠独自拼搏。教练员只是对训练提出要求和对比赛提出建议，练习的质量和比赛的结果得全靠自己。这是自我的提高，在这个锻炼的过程中就塑造了自己、发展了自己、完善了自己。

培养吃苦耐劳的品质。吃得苦中苦，方得甜中甜。经过长时间的体力和脑力劳动，使人敢于在困境中进取，迎困难而上，并以充沛的精力进行高效率的工作。

不难看出，拳击比赛是十分激烈的。3个回合的比赛，双方都要尽力拼搏，体力消耗很大，直到精疲力竭，这时，与其说要较量技术，不如说是较量自己的心、肺和运动器官的耐力。

从近代某些学说的观点来看，一个拳击运动员，在系统的训练和比赛中所接受的各种强大的刺激，就是作用于运动员身体的许多应激因素。教练员和运动员如果能很好地控制这种应激强度，就能有效地应用这种应激的强度，就能有效地运用这种应激来增强体质和提高运动成绩。而如果强度太大，超越了个体生理应激阀限，便会导致应激功能的损坏。

现代生理学对生理应激的定义，是指强烈的刺激所引起的反应，以及随后的适应及恢复过程表征的总称。那么对于拳击运动员来说，首先把机体内外环境变化的适应性反应视为反应。其反应将会表现为其体内结构和功能的一系列深刻的变化，是身体适应，并逐渐掌握一个优秀拳击运动员所应具有的那种精湛的技术，训练出良好的器官功能和树立击败对方的必胜信心。

第四节　拳击运动的特点和作用

一、拳击运动的特点

拳击同其他体育项目一样，既具有一般体育项目的运动特点，又具有它自己的特殊性。拳击的特殊性，就在于它是运动员双方通过2只拳头的对抗，进行体能、技术和心理的较量。拳击竞技的具体表现形式，是2人在正方形的围绳比赛场地中，戴着特制的柔软手套，按一定的规则和技术要求，进行攻防对抗。攻防的武器只能是戴上特制手套的2只拳头，攻防的目标只限于对方腰髋以上的身体部位。

拳击被人们称为艺术化的搏斗。因为高水平的拳手在比赛时，表现出强劲有力的攻防动作，拳法突然迅速，攻势凌厉，令人眼花缭乱，并且动作潇洒自如，姿态优美，给人以艺术性的美感。拳击不但表现出力量、技术、意志、心理、智慧的竞技和健美的艺术，而且可以培养人崇高的审美观，塑造人的心灵。

拳击的比赛规则有自己的独特之处。在国际业余拳联自1997年开始实行的新规则中，规定业余拳击比赛实行 5 个回合制，每个回合 2 分钟，回合间休息 1 分钟；职业拳击比赛是实行 10～12 回合制，回合间休息 1 分钟。业余拳击比赛主要靠技术得分来判定胜负，所用拳击手套大而且厚，比赛时运动员要穿背心、短裤、软底拳鞋、戴护头盔。职业拳击比赛主要靠强烈攻击或将对方击倒判定胜负，被击倒一方在 10 秒钟内不能站立起来恢复比赛，就判对方获胜；比赛时职业拳手的小而且薄，赤裸上身、头部不戴头盔进行比赛。业余拳击比赛设有 12 个级别，职业拳击比赛设有 17 个级别。

拳击的独特之处还在于人们对拳击运动的不同看法。拳击是人对人的竞技项目，因而比赛时表现出的打和被打，以及产生的伤害后果，特别是职业拳击中被打倒不能站起的场面，在许多人的思想上产生极大的异议。有相当一部分人把拳击看作是野蛮、残酷，不讲人道的运动。特别是受商业规律及金钱制约着的职业拳击比赛，由于比赛时缺乏必要的安全保障，并以击倒对方为目的，造成大量的伤亡事故，更给拳击运动蒙上阴影，这就使得很多人呼吁取消拳击比赛。我们国家在 1953 年和 1959 年两度停止拳击运动，目的就是为了考虑运动员的安全。但是，这种担心和忧虑是没有太大必要的，如果对拳击运动员有了深入的认识和了解，人们就不会对拳击持怀疑和反对态度。

在拳击比赛中，产生伤害事故的现象主要是发生在职业拳击比赛中，即使如此，在开展职业拳击非常普及的美国，职业比赛时运动员头部受伤的比率仅排在所有项目受伤率中的第九位。国际业余拳联公布的统计结果显示，在世界上的运动项目中，业余拳击的伤害率仅排在第十一位，远比滑雪、赛车、曲棍球、橄榄球、足球、体操等运动项目低得多。

由于拳击需要肌肉的强大爆发力，需要完善的技术和战术，所以拳击是最复杂的竞技运动之一。比赛时面对瞬息万变的赛场情况，要求运动员能在极短的时间内准确地了解对方的基本状况，同时还要迅速做出相应的判断并采取相应的行动，利用强有力的身体和娴熟的技术、多变的战术进行攻击和防守，并且要具有战胜对手的信心和勇敢顽强的意志品质，从而战胜对手。参加拳击比赛必须经过长期系统的训练，练就强健的体魄，掌握优良的技术，能灵活地运用多种战术，还要具有顽强拼搏、勇于争胜的意志品质。这不仅对拳击爱好者和拳击运动员的身体素质和心理素质提出了很高的要求，而且，对增强拳击爱好者和拳击运动员的身心健康具有极大的锻炼价值，这是拳击运动具有的最优的最明显最优秀的特点。

二、拳击运动的作用

拳击对人体和社会具有极大地影响作用，这些作用主要表现在以下几个方面。

（一）拳击可以增加人体的力量

我们知道，拳击比赛时要靠人体的爆发力来完成攻防动作，只有在最短的时间内将最大的力量发挥出来，才能达到攻防的目的，有效地完成攻防动作，这就要求拳手具有强劲的爆发力。训练有素的拳手肌肉工作时的弹力和出拳时的爆发力，要比一般人高出几倍，同时其出拳的速度也会相应增快。我们在练习拳击或观看拳击比赛时，都会有这样的感觉，那就是面对对方快速有力的进攻，会感到手足无措，只有靠比对方更快、更有力的技术动作，才能够占据主动，进而战胜对手。经常练习拳击，就可以锻炼拳击爱好者和拳击运动员的爆发力和速度力量，提高拳击爱好者和运动员的肌肉素质。

进行拳击运动和比赛时，需要人体肌肉在高度紧张状态下，持续较长时间的工作，这对人体肌肉和其他功能系统的持续工作能力有较高的要求。特别是拳击比赛时，肌肉活动强度大，动作持续时间长，如果训练水平较差的拳手，要想坚持 5 个回合的比赛是十分困难的。比赛时拳手的身体肌肉和精神高度集中，容易造成神经系统、呼吸系统、循环系统的疲劳。经常练习拳击，经常参加拳击比赛的拳手和拳击爱好者，可以在练习和比赛中提高肌肉长时间的工作能力，提高人体各系统的活动机能，从而大大增加和提高人的耐久力，使人体能够适应长时间高度紧张状态下的工作、训练和比赛。

拳击还可以增强练习者的绝对力量。在拳击练习，特别是拳击比赛时，拳手必须具有较大的绝对力量，才能达到攻防的目的。也就是说，必须具有重创对方的力量，才能在拳击比赛中占据优势和主动。所以，大部分拳手都十分重视绝对力量的练习，经常做大量的上肢力量以增加进攻的威力。据测定，世界优秀拳手的发拳力量可以达到 500 公斤。具有较大力量的拳手在比赛中会使对方心理上产生畏惧，丧失比赛的信心。到要注意，绝对力量是要和速度一起才能发挥作用，只有强大的绝对力量，而速度慢，就很难打到对方，使力量失去意义。所以，在拳击练习的过程中，一定要注意绝对力量和速度的结合，通过最快的速度发挥最大的力量，是取得拳击比赛胜利的关键条件之一。

（二）拳击比赛可以提高人的灵敏性和反应能力

拳击中最基本、最重要的素质之一，就是要具有高度的灵敏性和快速的反应能力。在拳击比赛和训练时，运动员要熟练地掌握各种技术方法，灵活地变化运用各种战术，并且要随机应变地随场上情况及时调整自己的技战术，同时要完成各种技术组合等，所有这一切，都需要拳手具有高度的灵敏性，具有快速的反应能力，否则就会受制于人，处处被动。经常练习拳击和参加拳击比赛的人，他们的灵敏性和反应能力就会得到充分锻炼和提高。这种灵敏性和反应能力表现在日常工作和生活中，就会使你觉得生活轻松自如，从而增加人的生活乐趣和情趣。

（三）拳击可以促进人的身心健康发展

拳击运动是手脑并用、全身活动的运动项目，需要练习者必须全身心地投入，才能完成好拳击训练和拳击比赛。练习拳击或参加拳击比赛时，人一直都是在不停地跳动和运动中，而且，拳手所采取的每一个行动都是在大脑缜密的、快速的考虑之后进行的，所以，这对人体的运动器官和大脑的分析都有极高的要求，使人体的运动器官和大脑的分析反应都有极高的要求，使人体的运动器官和大脑的分析都有极高的要求，使人体的运动器官和大脑得到充分的锻炼。又由于拳击训练和比赛时，需要在高度紧张状态下进行高强度对抗，所以对拳手的呼吸系统、循环系统、神经系统、运动系统都有非常高的要求和充分的锻炼。据实验测试，拳击比赛时运动员的氧呼吸量每分钟达3 000毫升，心率每分钟达200次左右。生理测试表明，训练有素的拳击运动员的心脏体积有增大的现象，心肌搏动强而有力。拳击运动员的竞技年龄比其他竞技项目的竞技年龄要长得多，一般可保持到40岁左右。比如像美国拳王福尔曼45岁时还在参加职业拳击比赛；战胜泰森的美国拳手、新的世界拳王霍利菲尔德，是在35岁时第三次获得这一殊荣的。所有这一切，都说明拳击运动对人体的良好作用。

拳击既是人体的较量，同时也是心理智慧的较量。长期从事拳击运动，会培养人们顽强拼搏、敢打敢拼、百折不挠的意志品质，并培养人们对事业的专注和对执着追求的精神。由于拳击运动具有极其强烈竞争的特点，可以锻炼拳手临危不惧时的应急能力，培养拳手在危险状况和高度紧张状况下沉着冷静的心理素质，这不仅对拳击有利，而且对于拳手在日常工作和生活中遇到困难时进行冷静处理，有着极大的帮助作用。

拳击运动员的胜负荣誉感极其强烈，拳手们经过胜利的喜悦和失败的痛苦这样巨大的情感体验，会逐渐磨炼拳手的意志，经过长期这样的磨炼，便会逐渐形成拳击运动员特有的谦虚谨慎、富有同情心和除暴安良的道德情操，对完善拳手的人格具有极其重要的作用。

（四）拳击是防身自卫的有效手段

拳击作为一种空手格斗技能，学习掌握好拳击技术之后，就可以把它运用于实战之中。拳击的攻防技术比较简单，容易掌握，经过反复训练实践后，作为防身自卫的一种手段是非常有效的。通过拳击的击打和抗击打能力训练，可以提高练习者的防身意识和自卫方法。在打和被打的练习中自然而然地掌握了防身自卫的本领，提高练习者遇到侵犯时自我保护能力；也可以为保护国家、集体和他人利益见义勇为，为维护社会的安定团结做出贡献。

（五）拳击具有广泛的社会影响作用

拳击运动已经在社会上引起极大的影响和起到了轰动作用。现在几乎在全世界都知道泰森口咬霍利菲尔德的事情，这既是拳击事业的耻辱，同时也是拳击在社会上引起社会效应的一个途径。当然，拳击对社会的影响并不只是这些丑事或花絮，最主要的还是拳击本身具有的粗犷与野性的魅力，拳击运动表现着较高的力度美、健康美、技艺美，具有强烈的吸引力和刺激性，拳击比赛时那种撼人心扉的场面和刺激大脑的气氛，都会对社会产生极大的影响作用，激发起拳击爱好者，特别是青少年学习拳击的欲望。

拳击作为勇敢者的运动，可以培养人们勇敢顽强、积极向上的精神，可以引导拳击爱好者特别是青少年通过刻苦努力、顽强拼搏和公平竞争，规范他们的做人准则，使他们的行为适应社会公德的要求，为社会培养出更多的优秀人才。

通过练习拳击或观看比赛，可以使人们获得许多启迪，如从泰森和霍利菲尔德的前前后后，人们分清了什么是丑、什么是美、什么是社会公德。不论泰森的实力多么强大，曾经创造过什么辉煌战绩，但他的一口却咬掉了他在世人中的巨大形象，这就是拳击的社会效应，这种社会效应会促进拳击运动和社会道德的共同进步，具有极其重要的社会意义。

第五节　拳击运动损伤和预防

拳击运动在其发展过程中，由于其项目特点，不可避免地会出现运动损伤，尤其是在古代，拳击运动的职业化特点使其变得异常残酷，易造成拳击创伤，拳击发展也因此受到一定的影响。

后来业余拳击制定的规则和采取的一系列保护措施才使业余拳击运动走上路正规。在我国，由于拳击运动的创伤而使其不断中断。1958 年，由于体育运动的“大跃进”，各省市为了在第 1 届全运会上“放卫星”做贡献，盲目发展拳击运动，出现了不少伤害事故。在 1986 年 3 月，国家体委正式恢复了拳击运动，制订了一系列的文件，使拳击运动走上安全、健康发展的道路。

随着现代体育运动的发展，运动创伤正在逐渐增加。据统计，在欧洲的损伤事故中，拳击仅列第十五位，拳击位于田径和网球之后。拳击运动激烈对抗的项目特点决定了其必然要出现一定的创伤，这是每一个从事拳击运动的人所必须面对的。如何来预防和减少伤害事故和创伤，是一个非常重要的问题。

一、发生拳击创伤的原因

在拳击比赛和训练中出现受伤情况的原因有许多种，其中在准备活动中注意力不集中，重视程度不够；没有做好准备活动或做得不充分，是一个主要的受伤原因。另外其他一些原因有拳击运动员对拳击创伤的严重性与预防的重要性从思想上重视不够，实战训练与比赛的组织不严密，方法不当；运动员情绪不佳、体力不足或因身体处于疲态状态、有伤病情况发生的主要原因。还有大脑皮质运动中枢的兴奋与抑制扩散，造成肌肉不协调，动作僵硬，不熟练，器材不安全、场地不平整、运动鞋不合脚等，动作粗野或违反规则也会导致受伤，2 个选手的水平相差较大等也是容易引起受伤情况发生的主要原因。

二、拳击中常见创伤的症状与处理

（一）指腕关节的挫伤和掌骨的骨折

人体某部位遭受钝性暴利作用而引起该处深层组织的闭合性损伤，称为挫伤。其主要表现为：轻者局部仅有疼痛、压痛、肿胀、功能障碍；重者可因皮下出血形成血肿或淤积，疼痛和功能障碍较明显，对于没有骨折的挫伤可在受伤时立即冲凉水或者用冰块等冰覆受伤部位。

拳击运动员常在与同伴互练或在打沙袋练习时，最容易发生第一指骨、腕骨和掌指关节的挫伤和掌骨的骨折，其原因往往是手指包缠绷带的方法和拳击技术不正确。并且，几乎都是因为运动员出摆拳击打时，没有用拳峰击打对手，而是把拇指掌关节当作击打对手的着力点，故造成第一掌骨骨折。

为此，教练员提醒运动员正确地用绷带缠手，其目的在于保护手，提高击打效果和安全性。

缠手时应注意，不要缠得过紧，要使手指有适当的活动余地，缠得过紧反倒容易受伤。但手腕部分可缠得紧些，这有利于击打用力和防止受伤。对于骨折应立即到医院就医，自己不得随便乱动。另外，要加强对技术的纠正，不断提高技术的规范化和熟练程度。

（二）眉弓部的裂伤和鼻骨骨折

受钝物打击引起的皮肤和皮下组织撕裂，伤口边缘不整齐，称为裂伤。

造成损伤的主要原因是由于一方运动员使用前臂直接击中对方鼻骨或鼻骨撞到对手的前臂尺寸或鹰嘴所造成，也有的是双方运动员的头部互相撞击造成的。

为避免头部受伤可戴保护帽，主要保护前额及耳部。伤后要立即就医治疗并及时止血。

（三）鼻出血

在训练和比赛中的鼻出血是拳击中最常见的一种创伤。鼻部被击后可发生鼻黏膜微血管破坏而引起的鼻出血，也可引起鼻变形。

鼻出血时把头后仰，用拇食指在鼻翼外面相对压迫（伤者用口呼吸）数分钟，一般可止血。有条件时，可用浸过肾上腺素或麻黄素的消毒脱脂棉卷成小卷轻轻塞人流血鼻孔内，再在鼻翼外稍加压迫，则止血更佳。额部用冷毛巾或冰袋冷敷，亦可止血。

（四）耳廓挫伤

耳廓挫伤的原因主要是被对方的前后摆拳和平勾拳直接击中耳廓引起的局部血肿。

耳廓的皮下组织少，血管表浅，在受击打时，极易发生血肿。同时由于耳廓的大部分支架是耳廓软骨组成，耳部的皮肤都紧贴在软骨膜上血肿不及时治疗，会造成耳廓软骨炎，严重者可导致耳廓畸形。

处理办法：用冷敷或用绷带加压包扎，制止皮下继续出血瘀肿。

（五）击昏（即休克现象）

在拳击比赛中，往往会出现运动员被击昏而摔倒导致失败的场面，这是运动员受了最后一次打击以后，一时不能起立重新比赛，这被称为“被击昏”，即休克现象。休克时，整个有机受到严重的障碍，血压降低，脉弱而急，呼吸浅，其特点是定向力丧失，面色苍白，甚至完全或部分丧失。

当运动员被击打倒地时，不可去拉或立即叫醒他，应叫他安静的仰躺着，观察1～2分钟，如运动员自己不能恢复神志，要立即在防震保暖的情况下极速送医院就诊。但大多数被击昏的运动员，不需要特殊处理即可恢复。当然，击昏本身不仅仅是身体上的创伤，而且是也精神创伤，因此非常需要安静以及医生、教练员和队友们的言语安慰。

拳击运动员颞部受击出现的击昏，是大脑受了机械刺激的结果。

下颌部受击而发生的击昏，很少由于脑震荡所引起。这是由于分布在内耳的大感受器受到强烈刺激的结果，是小脑及脑干（红核）的反射现象。由于机能的破坏，拳击运动员失去定向力，摔倒并失去知觉。

颈部两侧受击而发生的击昏，很明显是由于颈动脉窦受击，反射性地引起了脑血液循环的一时性障碍所致，可引起脑血管供血不足，产生昏迷休克。运动员被拳击多是在没有保持基本姿势、下颌过高，两拳过低的情况下发生的。尤其是新运动员颈肌明显无力，防守姿势和动作有明显错误发生率较高。

左右肋部受击时也可能出现击昏，这是由于相当于该部的内脏器官（肝脾）的内感觉器受累，引起明显的一时性血液动力过程破坏的缘故。左右肋部受击倒地多为上勾拳或直拳击打肋部所致。

躯干受击中尤以腹部受击时，更容易发生击昏。上腹部受击倒地或被击昏多为平勾拳击打所致。主要原因是由于刺激传到迷走神经中枢，可使心脏活动大为减慢，甚至停止心跳，呼吸也明显变慢。有时刺激颈交感神经，可引起呼吸加快、加深。

三、拳击损伤的预防

在训练和比赛中，如果运动员、教练员以及裁判员对拳击运动有足够的认识，采取必要的预防和防护措施，拳击运动还是会走上健康发展的道路。为了减少拳击运动中伤害事故的发生，除了要进行规则范围内充分的体验外，在日常比赛和训练中还应注意以下几点。

（一）增强保护措施，积极开展预防损伤的宣传教育工作

加强身体全面训练，提高机体对运动的适应能力，要注意加强易伤部位及相应薄弱部位的训练，提高技能，积极预防损伤。戴好防护用具和使用标准手套。防护用具主要包括头盔、护齿、护裆、手套等，其中头盔尤为重要。据国际业余拳联调查，在拳击受伤中，其中头部的受伤占了50%以上。头盔可以缓冲一部分打击力，可以有效地保护运动员的大脑和头部。标准拳击手套可以对对方起到保护和缓冲

作用。

另外，为预防和尽量避免创伤的发生，应选择合适的练习场地器材和良好的环境。比如选择合适的拳套、打沙袋手套、沙袋和墙靶等用具。在拳击训练和比赛中，使用拳击的特殊防护装备是非常重要的，为开展好拳击运动，因地制宜地制作一些简单的行之有效的练习器材，也是可取的。

（二）裁判、教练员应及早中止实力悬殊的比赛

为了保护运动员的健康和安全，要发挥裁判员积极主动作用。作为裁判员、教练员和医生，应当根据场上的情况，及早中止对比实力悬殊较大的比赛。

在我国拳击竞赛规则中规定：

1. 双方实力相差悬殊：如果一方运动员被台上裁判认为处于明显劣势，或正受到过度的重击，应立即停止比赛，并宣布其对手为胜方。

2. 受伤：如果运动员被台上裁判鉴定为受伤或因其他健康原因不能再继续比赛，应体制比赛，并宣布对手为胜者。

3. 在比赛中因头部被击倒下，或因头部受重击失去继续比赛能力，被裁判终止比赛的运动员如是第一次，该运动员应在以后的 1 个月内不准参加拳击训练或比赛。如在 3 个月内的比赛中有 2 次被击倒失败，该运动员应在以后的 3 个月内不准参加拳击比赛。如在 12 个月内的比赛中有 3 次被击倒失败，该运动员应在以后的 1 年内不准参加拳击比赛。

4. 观察期间的健康证明：运动员在前面所述的情况的观察休息期以后，在他们重新参加比赛之前，必须作一次专门身体检查，由一位合格的医生证明身体健康，并认为可以参加拳击训练和比赛时，才可以同意其参加比赛。

为确保运动员的身心健康和安全，更重要的是裁判员要熟练地掌握和严格执行比赛规则，控制比赛场面，及时地制止犯规动作或危险动作，有必要使用一切手段防止永久性创伤；另外教练员要从长远考虑，看到双方实力相差较大，不能一味鼓励自己的队员死拼硬打，可根据情况灵活掌握，否则等到严重的受伤情况出现后再后悔就晚了。

（三）加强医务监督

建立和健全自我监督制度在拳击训练过程中，加强医务监督工作，其目的是最大可能地利用医学的手段，对拳击运动进行观察指导，促进运动员的身体健康，增强体质，提高拳击技术水平。因此，在训练前、训练中和训练后，对运动员进行医

务监督工作，将对运动员起着积极的保护作用。运动员由于比赛的激烈进行，可能感觉不到某些部位的不适，往往在赛后就会出现一些症状，因此必须加强赛后的医务监督。在赛后要密切注意观察，尤其是脑部受伤的运动员。

如遇到头痛、恶心、呕吐等症状，应立即送往医院进行检查治疗。

同时应教会运动员自我监督，随时注意自己的身体反应（如头晕，疲乏感等），注意运动器官的局部反应（如肌肉酸痛、僵硬、关节疼痛等），当反应不良时，要及时调整运动量。

（四）掌握正确的拳击技术和训练方法

比赛和训练中创伤的一个重要原因，是运动员的技术错误或不熟练。尤其是防守技术不熟练，如只顾进攻，对自己的防护不够，两手放太低等原因。只有在不断磨炼技术和掌握合理的训练方法的基础上，才能进行实战，才能避免拳击的创伤。要认真做好准备活动，内容和量要根据所要进行活动的性质、运动员个别情况及气象条件而定。要合理安排运动量，尤其要注意运动器官的局部负担和伤后的训练安排，防止局部负担过重。

总之，尽管拳击是一项激烈的对抗运动，但是与其他项目比较，它的受伤率并不很高，而且死亡和事故多发生在职业拳击比赛中，因此只要我们充分加以注意并且采取必要的措施，完全可以将拳击的事故和创伤降低到最低限度的。

思考与练习

1. 简述近代、现代拳击运动的发展。
2. 简述我国的拳击运动发展情况。
3. 从统计来看欧洲拳击运动员为什么较多，中国拳击运动员较少？
4. 分析古巴拳击运动员的情况。
5. 拳击运动的作用主要表现为哪几个方面？
6. 拳击运动对生理和心理影响有哪些？

第二章　拳击技术

本章主要学习拳击的准备动作姿势，步法中的前滑步、后滑步、左右滑步、冲刺步、侧移步、环绕步、后撤步，基本技术中的刺拳、直拳、摆拳、勾拳、抛拳，防守和反击中的拍击、阻挡、格挡、闪躲、潜避、退让、阻挠、夹靠、掩护和拳击组合技术及各种训练方法。重点要掌握的是步法、前后直拳、摆拳和勾拳及掌握适合自己的组合技术。

第一节　拳击准备姿势、步法

一、准备姿势（也称为基本姿势、实战姿势）

准备姿势是拳击运动进攻、防守的基本技术，初学者首先要掌握标准的准备姿势（图2－1）。

图2－1

左脚在前，右脚在后是右架准备姿势，即左手在前，右手在后；右脚在前，左脚在后是左架准备姿势，俗称左撇子。

动作要领和步骤：以右架为准，两脚左前右后斜开立（左架相反），与肩同宽，或略宽于肩，身体侧对对方，双手半握拳，两肩放松。左拳略高于肩，同下颌平齐，右肘弯曲约 90 度，肘自然下垂；右拳置于右下颌处，后肘弯曲小于 90 度，自然下垂保护右肋部位。

通常情况下，运动员可根据自身特点选择自己的基本姿势。

下面的例子没有特别提示则均为以右架为例。

技术要点：右（后）脚抬起 5 厘米左右，将身体重心落到前后脚之间；两膝微屈。收下颌，前倾朝向对手，双目注视对手眼睛，上体应斜向对方，含胸收腹，身体左右转动时，以腰部和髋关节作转动轴。

二、握拳法

动作要领和步骤：在握拳时注意食指和中指、小指和无名指并拢内屈，拇指放在中指和食指的上面，拳头稍内扣，拳峰朝上，握拳不要太用劲。否则，臂肌会很快疲劳，拳速也会降低。但是在拳击对方的有效部位前一刹那，要用力握（图 2 –2）。

图 2 –2

先练习左拳握法，再练习右拳握法。

试出拳，体会在击打中目标的一刹那握紧拳。

技术要点：平时握拳不要太用力，只是在击打对方时的一刹那握紧用力，食指到小指的第一关节和第二关节成为一个平面，这个部位叫作指关节部位。指关节部位的中心在中指和食指之间，要用这个关节中心，也就是我们常说的“拳峰”，来击打对方的有效部位。（图 2 –3）。

图2－3

三、拳击的基本步法

案例：20世纪前的拳击比赛，运动员如果运用步法来避开对手的攻击，则被视为是胆怯的行为。1892年9月2日，拳击史上划时代的事件出现了。美国旧金山银行职员詹姆斯·科贝特运用灵活的脚步移动，躲开少年大力士——约翰·沙利文强有力地打击，像逗小孩玩一样打击沙利文，终于获得胜利，轰动了拳击界。这一新战法，使人们摒弃了以前那种不许闪躲移动的呆板的拳击，而为拳击界所广泛采用，之后逐渐发展成为今天的拳击方法。拳王穆罕默德·阿里获胜的一个重要因素就是步法移动的灵活性和打击的准确性，曾被形容为："漂浮如粉蝶，冲刺若黄蜂。"由此可见步法的重要性。

在拳击技术体系中，步法是其中重要的一节。尤其在运动员刚开始接触拳击这项运动时，要用较多的时间来进行专门的步法训练。在比赛中，运动员要保持身体平衡，灵活地移动身体，使自己始终处于进攻和防御的最佳位置，主要依靠步法来实现进攻和防守及反击的目的。

拳击的基本步法有滑步、冲刺步、侧步、环绕步、撤步等。

（一）滑　步

1. 前滑步

两脚向前跃出1步，即后脚掌蹬地，前脚稍离地面向前滑进1步，后脚迅速跟进。两脚以脚掌着地，重心始终保持在两腿之间（图2－4）。

图 2－4－1

图 2－4－2

2. **后滑步**

两脚向后跃出 1 步，即前脚掌蹬地，后脚稍离地面向后滑步 1 步，前脚迅速后滑 1 步。两脚以脚掌着地，重心始终保持在两腿之间（图 2－5）。

图 2－5－1

图 2－5－2

3. **左滑步**

向左侧移动，即右脚蹬地，左脚向左侧横滑 1 步，右脚同时跟进，保持准备姿势（图 2－6）。

图 2-6-1

图 2-6-2

4. **右滑步**

向右侧移动，即左脚向右侧横滑 1 步，左脚同时保持准备姿势（图 2-7）。

技术要点：使用步法移动时，身体重心要平稳，开始训练要慢速，熟练后加快速度，脚掌尽可能不离开地面，即“擦”着地面移动，全身要放松。

图 2-7-1

图 2-7-2

（二）冲刺步

左足平放在地面上。着力点在前脚掌上，右脚掌着地，足跟稍抬起，左脚急速向前滑进 1 步，右脚随着跟上 1 步，仍保持拳击攻击姿势，刺步与前滑步动作相似，唯速度加快（图 2-8）。

图2－8－1

图2－8－2

技术要点：冲刺步是一种突然进攻的步法。当对手防守上暴露出破绽时，应立即抓住有利时机配合直拳突然袭击。冲刺步易犯错误是跨步式前进，即前脚凌空跨步前进。这样人体在凌空阶段时只有一只脚支撑，容易被对手击倒；另外，两脚着地远、足间距大也会造成行动上的迟钝。因此，学习刺步时要注意前脚不可凌空跨进和两足间距过大。

（三）侧移步

侧移步是向对手出拳方向的外侧移上一步或向后侧方移一步，避开对手的直拳攻击，为自己创造有利攻击位置的一种步法。

1. 左侧移步

当对手用右直拳攻击头部时，左脚应先起动向前上方移动，左脚以前掌为轴，为左侧移动 50 度左右，即向对手右拳外侧移动（图 2－9、图 2－10）。

图2－9

图2－10

2. 右侧移步

对手用左直拳攻击头部时，右脚先起动向右侧移上 1 步，左脚以前脚掌为轴，原地向右转 90 度左右，即向对手左拳外侧移动。左侧移步比右侧移步难度大，因为左侧移动比右侧移动更接近对手的右手，受到对方右手打击的可能性更大。掌握左侧移步法能发挥自己的有力武器打击对方的腹部和下颌。

技术要点：使用左右侧移动步时，两足不能走交叉步，身体尽量不要左右摇摆。侧移步是防御的一种，也是进攻的一部分，因此，在学习侧移步时应注意和反击动作结合起来。

（四）环绕步

环绕步是以对手为中心，并围绕对手移动的一种步法。环绕步有顺时针方向和逆时针方向 2 种。它的动作好像侧移步法，但它不属于侧移步法，它的动作幅度较小，只稍微闪躲对方的打击，在拳击比赛中，有经验的选手常常是在进攻前为避免被对手出其不意的击打，而下意识地采用环绕步，用以迷惑对手并且能够抓住对手破绽而快速反击。

1. 逆时针环绕（向右环行）

当对手用左直拳击打头部时，右脚先向右移动，左脚跟着向右移动，即只向右侧移动一点，可立即用右直拳反击对方头部（图 2－11）。

图 2－11－1

图 2－11－2

2. 顺时针环行（向左环行）

当对手用右直拳击打头部时，左脚先向左移动，右脚跟着向左移动一点，可快速用前手拳击打对方头部（图 2－12）。

图2－12－1

图2－12－2

技术要点：运用环绕步的目的是转移进攻方向，寻找进攻机会，或调整呼吸，以及短暂的休息，因此在练习和比赛中，不能消极防守，而要在防御中寻找战机，这样才能克敌制胜。

（五）后撤步

拳击比赛中在防守中常用后撤步，即前脚掌用力蹬地，身体向后快速移动，后脚先向后撤一大步，并且几乎同时迅速收回前脚，以保持好拳击的攻守姿势（图2－13）。

图2－13－1

图2－13－2

技术要点：使用撤步的目的在于迅速脱离对手的进攻，避开对手的直拳攻击，或是最调整实战状态。在后撤1步后，如对手继续跟进攻击，不可连续后撤，应迅速向右或向左侧步，避开对手的连续进攻。

步法教学步骤：先练习并熟练每种步法。进行简单的步法组合，如前滑步接后滑步，前滑步接左滑步。可结合教练员的手势或声音信号练习。2人配合练习，一人进攻步法，一人防守反击步法。结合出拳进行练习。

第二节　拳击基本技术

本节主要介绍了4种主要拳法，其中最常用的是直拳、勾拳和摆拳3种拳法。

一、刺　拳

刺拳的出击路线轨迹呈直线，以对手脸部为主要击打目标。刺拳与直拳区别在于，出拳重快则为直拳（图2－14）。

图2－14－1

图2－14－2

（一）刺拳的动作要领和步骤

由蹬腿发力开始，转髋送肩，拳头直线出击。当肘臂将要伸直时，拳头向内旋转。前脚要在出拳的同时向前滑步，靠近对方，使发出的拳带“针刺”的感觉。拳打出去时，上体应稍前倾，并配合送肩动作，以加大出击力量和幅度。整个出拳俅弹簧一样，弹出去并快速收回来。

先练习刺拳，再练习刺拳结合其他拳法。

（二）技术要点

前手刺拳看起来是一个连续的试探性动作，实际上它的作用远不只此。当对方防御你的前手刺拳时，就会暴露出防守上的空当，这就可以使自己用其他拳法如后手的重拳配合前手刺拳来进攻。这时出击的右拳是距离大的击打，准确地打出右拳，其破坏力是相当大的。灵活的前手刺拳能增加右手掌的效度，因此应重视前手刺拳。

每当使用前手刺拳时，都应该想到对方也有可能用刺拳来回敬自己。因此，打出的前手刺拳不论击中与否，另一手都要 W 防护姿势以防对手反击。

打出的前手刺拳不是消极的防御，而是在双手接触到对方时，要感觉到对方的反应，知道他下一步要怎样移动。在你的刺拳触及对方的那一瞬间，你的拳部的反应力就会告诉你下一步在什么时候什么地方移动自己的步法，这对你下一步采用什么样的组合拳来说是至关重要的。

采用刺拳时注意身体重心不可超出支撑面。出击时，判断好与目标之间的距离，以手臂刚伸直即接触目标为好。收回打出的前手刺拳，不是靠拉回，而是利用肱二头肌被迫拉长后的弹性收缩回来。每次打出去的前手刺拳要按原来打出的路线返回。

前手刺拳出击未达到预定的目的时，应迅速收回拳头，同时右掌要做好防守准备，并保持好拳击攻防姿势，不给对手以可乘之机。

二、直　拳

直拳是拳击中最基本的动作，也是运动员最常用的动作。直拳从肩部出击，轨迹呈直线，途径短，举重，是主打拳。直拳可分为左直拳和右直拳 2 种。

技术要点：使用直拳时，通过腿的蹬力，发力于腰，利用身体的冲力，借助于腕的抖力，将出拳力量集中于拳峰上，出击的爆发力靠的是快速灵活，形如闪电，手臂屈伸要富有弹性。拳面接触到目标后，犹如触电似的迅速将拳收回。直拳的主要击打部位为对方头部；作为战术也可以击打对手的胸腹部分。当手臂前伸尚未伸直时，拳头应向里旋转，当手臂伸直到最后一瞬间，运用出拳的速度力量以及肩部突然短促延伸，将力量集中在拳峰上击打出去。

（一）前手直拳

以右架准备姿势站立，左直拳即前手直拳，可以先从自己鼻尖向对方画一个假想直线，同自己两肩直线呈 45 度。出左直拳时，把自己的左肩转动到这个假想直线，即把左拳向内转动 45 度，与此同时，左脚向前 1 步，迅速向对方出拳。出拳时，手臂和肩部的肌肉要放松，不能过分紧缩。当要击打到对方的要害部位时，才握紧拳头。出左拳时，含胸收腹，右肘贴在右肋部位，右手攻到下颌位置，下颌也要往里收，以防对方的反击（图 2－15）。

前手直拳的作用与左刺拳不同，它的进攻目的更为突出。特别是左直拳的连续攻击动作，是争取胜利非常重要的技术动作。连击的左直拳，能破坏对方的平衡，扰乱其阵脚，混乱其视线，给其他拳创造了有利的进攻条件。它是用重拳打倒对方的开路先锋，是完成关键动作的向导，是争取胜利的基本技术动作。

（二）后手直拳

以右架准备姿势站立，右直拳即后手直拳，一般也是重拳。右直拳的正确动作，以站立姿势把右肩向内转 135 度，将右拳向前直击，左肩稍低一点，右脚掌用力蹬地，向内旋转。出拳的同时，前脚向前迈一步（正好击中对手的步距）以前脚掌负担身体重量，足跟平浮于地面，后足跟稍踮起。在前脚掌完成支撑一瞬间，后脚迅速跟上一步或者前脚收回一步仍保持好拳击攻防姿势。右直拳的发力，主要靠出拳速度、身体向前运动的速度以及送肩动作。发右直拳时应注意这 3 方面的密切协调配合，使全身的力量都集中在拳峰上（图 2－16）。

图 2－15

图 2－16

右直拳的出拳距离远，击打力量大，属于后手重拳。一般认为，右直拳在没有充分把握的情况下击打时，不仅会消耗自己的体力，而且会暴露出明显的空当，给对手以还击的机会。

三、摆　拳

摆拳是从侧面袭击对手的有力拳法，又称为横拳，分为左摆拳和右摆拳 2 种。

技术要点：摆拳的特点是充分利用肩部和上体的旋转力。摆拳如使用得当，其威力不亚于直拳，摆拳的动作不如直拳、勾拳和刺拳的速度快，它是借用身体向相反的方向移动而出拳，以分散对手的注意力。由于摆拳的行走路线比较长、幅度大、离心力大，如打得准，则有很大的破坏力；如打不准，则疲劳度大，且容易被对手发觉，易受对方反击。为提高摆拳的打击效果，肩部、手臂要放松，充分地利用旋转打击拳，拳击到目标的一刹那，以身体为转动纵轴，把转髋、送肩的合力汇聚在拳峰上。手腕像往下弯曲似的打击，拳的打点正击目标，这样才能发挥出摆拳的威力。

（一）前手摆拳

从右架准备姿势开始，左手摆拳既是前手摆拳。左臂略向前伸，左拳向右后方摆击。摆拳路线为平面半圆形。左拳出击时，拳及小腿均向内旋，肘部上翻，但不可过高，小臂与大臂的夹角约 120 度。拳心向下，拳眼向后，拳峰对准击打处，手臂呈大半月形状，两脚蹬地，用腰胯的扭动来增加发拳的力量。右拳微上举，保护下颌。摆击结束后立即收回，还原成基本姿势。打击的主要部位是对方头部的右侧（图 2－17）。

（二）后手摆拳

从右架准备姿势开始，右手摆拳既是后手摆拳。其动作与左摆拳相同，只是左右相反（图 2－18），学好摆拳，首先要学习如何缩短摆拳的运动路线和弧度，其次要注意犯规动作。如果打出的摆拳不是用拳峰击打，而是用拳的手掌、掌跟和拳的背侧面击打，就会出现技术犯规。

摆拳的要点提示：摆拳要以肘、肩为支撑点；出拳前不要有多余动作，以免被对方识破自己的进攻意图；不要用拳峰以外的部位击打对方，以免引起技术犯规；保持出拳前后的身体平衡，使身体重心始终保持在两腿之间；出拳后，自己的胸腹、肋部等处会露出空当，易被对手用直拳、勾拳等击中，因此必须用另一只手去租阻挠或预防对手的反击。

图 2－17

图 2－18

四、勾　拳

技术要点：勾拳发力迅速急促，运动路线短，在近身格斗时是最常用的，勾拳使用得法是颇具威力的。勾拳手臂形状如勾，臂肘弯曲度大约 90 度。勾拳分为上勾拳和平勾拳 2 种。

（一）上勾拳

上勾拳又分为左上勾拳和右上勾拳 2 种。上勾拳的主要击打部位是身体腰带以上正侧头部位。

1. 前手上勾拳

由右架准备姿势开始，左上勾拳既是前手上勾拳。身体稍向左侧转，接着迅速拧转上体，左脚掌用力蹬地，左掌由下向前再向上方向，前臂外旋直击对方腹部或下颌处，此时前臂与上臂的弯曲形状如勾，约 90 度，右掌保持原姿势不变，击打后按原路线收回（图 2－19）。

2. 后手上勾拳

由右架准备姿势开始，右上勾拳既是后手上勾拳。身体右转略屈右腿，沉低右肩。拳峰朝上内扣，右拳略下降，迅速屈臂由下向上勾击，同时伸右腿右脚向内碾地以增加击打力量。出拳的过程中，上体微向左转，右肩随拳转略向前移。同时左拳迅速收回，保护下颌（图 2－20）。

图 2－19

图 2－20

（二）平勾拳

平勾拳分为左平勾拳和右平勾拳 2 种。其目标是两腮、下颌或颈部侧面。

1. **前手平勾拳**

由右架准备姿势开始，左手的平勾拳即是前手的平勾拳。拳背朝上，拳面内扣，肘臂夹角大约成 90 度，出拳的同时左右脚向前移小半步，击中目标时拳心斜向内下方，利用身体腰部突然转动的力量，身体重心移到右脚，并略向右侧转体 30 度左右。当击中目标时，左臂向胸部右侧方转移，臂部肌肉由放松到突然紧张，之后迅速放松，再保护上体，此时身体重心移到右脚上，左脚跟外转。左平勾拳类似左摆拳打法，只不过在平勾拳的肘臂弯曲度比左摆拳小，肘关节与前臂同高（图 2－21）。

2. **后手平勾拳**

由右架准备姿势开始，右手的平勾拳既是后手的平勾拳。右平勾拳的动作要领同左平勾拳类似，只是身体腰部向左扭转，左脚在前略向左转动，身体重心稍移向左脚（图 2－22）。

图 2－21

图 2－22

第三节　拳击的防守和反击技术

拳击比赛中，攻击和防守是密切配合进行的，二者的重要性完全是对等的，每一次进攻，都有一个正确的防守来抵御这种攻击。在拳击运动中若能使自己不被或很少被对手击中，这就意味着赢得了胜利的一半。要做到这一点，正确地掌握和运用拳击的防守技术是十分重要和必要的。应该在熟练掌握拳击基本攻防姿势的基础上，进一步学好各种防守方法，并与积极地进攻配合起来，这样在实战中才能争取主动。高超的防守技术是当今拳击冠军们的主要特点。

在拳击比赛中，防守和进攻是问题的两个方面，它们既对立又相互依存。没有进攻就没有防守，没有防守就更没有进攻。不能简单地把防守看成是仅仅为了阻挡对方的攻击，拳击防守技术由拍、挡、格、闪、让、阻、掩等多种方式构成，在运用这些方法的同时，还应结合相应的反击技术一并使用，才能收到后发制人的效果。

一、拍　击

技术要点：拍击法主要用来阻止对方直拳进攻，如对手出左刺拳或右刺拳攻击，就可以张开拳掌拍击来拳，使拳改变方向，以起到阻止对方进攻的作用。要求用掌拍击动作的幅度不宜过大，并及时收回（图 2－23）。

【案例分析】

1. 拍击左刺拳的防守反击方法

当对手左刺拳进攻时，就可以用右拳掌向左拍击来拳使拳改变方向，拍击动作幅度要小，保持拳击进攻姿势。在向左拍击刺拳的同时，可出左直拳反击对手头部（图 2－24）。

2. 拍击右直拳的防守反击法

当对手用右直拳进攻时，就可以用左拳向右拍击来拳，同时用右直拳击打对手头部（图 2－25）。

图 2－23

图 2－24

图 2－25

二、阻　挡

阻挡防守的方法主要用来抵御对手近距离攻击，是利用身体不易受到损伤的部位，根据对手来拳击打的路线不同可采用肘、臂和肩阻止对手来拳。用阻挡防守法可有效地防守对手在中距离、近距离和远距离的各种拳法。阻挡不是理想的防御方法，尤其是当遭到重拳击打时，身体的有关部位可能会直接或间接接受到伤害。但在近距离作战时使用的机会很多，需要它来对付各种拳法的打击。使用阻挡法应该是为了更好地反击对手，而不是消极地单纯阻挡。阻挡分为肩部阻挡法、肘部阻挡法和拳阻挡法3种：（1）肩部阻挡法。肩部阻挡法是用肩部阻挡对手的攻击，左脚跟稍抬起，右脚掌着地，同时稍向右转体，左肩稍提，重心落在右脚，右手防备对手的第二个打击。如果对方不连续进攻，可迅速旋转右肩出拳反击（图2－26）。（2）肘部阻挡法。肘部阻挡法主要用来防守对方的左右上勾拳和击打自己腹部的直拳等，肘和身体紧紧贴在一起。一般来说，用右肘阻挡对手的左手拳进攻，用左肘阻挡对手右手拳的进攻，也可以变换，总之要根据客观实际变化，采取适当的防守手段（图2－27）。（3）拳阻挡法。拳阻挡法是指当对手的拳攻来时，自己迅速用相应的拳进行阻挡，阻止其继续进攻，使其进攻落空（图2－28）。

图2－26

图2－27

图2－28

技术要点：在使用阻挡法时，与对手拳头接触的一瞬间，要憋气鼓劲，自己与对手来拳接触部位的肌肉要保持一定的紧张度，以增强抵抗力。

【案例分析】

1. 阻挡左摆拳或左平勾拳击头

当对手用左摆拳击打头部右侧时，应将上体略后让，向左转，同时用右肩臂阻挡对方来拳，同时用左直拳反击对手的头部（图2－29）。

图 2－29－1

图 2－29－2

2. 阻挡左上勾拳击打下颌

当对手用上勾拳击打下颌时，应将腰稍向左转，用右肘部阻挡，同时可用左勾拳反击对手的头部（图 2－30）。

图 2－30－1

图 2－30－2

3. 阻挡右直拳击腹

当对手用右直拳击打腹部时，应将身体略向右转，同时屈左肘臂，用左臂阻挡对手的右直拳，同时用右直拳反击对手的头部（图 2－31）。

图2－31－1

图2－31－2

三、格 挡

技术要点： 格挡是用拳或前臂格架对方来拳，使它改变方向。格挡便于还击。从而取得有利的位置去击打对手。使用格挡法需要有准确的判断和敏捷的动作，在对手的拳击中自己身体之前，把它格开，使其改变方向。格挡法使用得当，可给自己创造有利的进攻位置和机会；用格挡对付勾拳和摆拳效果较好。

【案例分析】

1. 格挡左平勾拳

当对手用左平勾拳击打头部时，应立即用右臂稍前伸并抬高来格挡对手的平勾拳；同时用左直拳击打对方头部（图2－32）。

图2－32－1

图2－32－2

2. 格挡右平勾拳

当对手用右平勾拳击打头部时，应立即用左前臂稍提高来格挡对手的右手勾拳，同时用右摆拳反击对手的头部（图 2－33）。

图 2－33－1

图 2－33－2

四、闪　躲

技术要点：闪躲防守是用身体的闪躲使头离开击打路线。在实战中，闪躲被认为是一种最实用的防守方法，闪躲法专门用于防守对手攻击头部，对直拳的防守要向两侧面闪躲，对摆拳和上勾拳可作向后移动步。在闪躲中防守者可以空出两手以便进行反击。闪躲技术要求能准确地判断时间。如果运动员掌握了良好的闪躲技术，就会使对手的来拳不断失误和击空，使之失去平衡，对其暴露的部位可趁机给予击打。在闪躲的同时可以迎击来拳。闪躲动作不要过大，要敏捷短促。闪躲法主要是采用向左右侧方向闪躲直拳，一般是向右闪躲左直拳，向左闪躲右直拳向；后闪躲对方的摆拳和平勾拳（图 2－34）。

图 2－34

【案例分析】

1. 闪躲直拳

2 人均右架站立，对手用右直拳进攻时，应两腿稍屈膝，身体重心落在前脚，上体稍前倾，闪躲防守对手的右直拳，使对手的直拳从自己的右肩上滑过去，同时可用左上勾拳反击对手的腹部（图 2 –35）。

2. 闪躲摆拳

2 人均右架站立，对手用左摆拳进攻时，应迅速右手格挡，用前手左直拳迎击对手头部（图 2 –36）。

图 2 –35 –1

图 2 –35 –2

图 2 –36

3. 后闪躲前拳

2 人均右架站立，当对手用前手直拳进攻时，应将身体重心移动到后足并微屈膝，上体后让躲过前手直拳，用右直拳反击对手的头部（图 2 –37）。

图 2 –37 –1

图 2 –37 –2

五、潜　避

技术要点：潜避技术是对摆拳击头的一种主要防守方法，这一防守是在身体重心下降的同时快速完成缩身下潜动作。在潜避中运动员用头和上体画出一个半圆的连贯动作，微屈腿的同时向对手出拳方向下潜，然后直起身。在做这个动作过程中，要始终注视着对手，动作要快而有力。这一防守动作是由整个身体和腰部动作来完成，要保持稳定的姿势，以利恢复实战预备姿势和进行还击（图 2－38）。

【案例分析】

1. 从左向右摇避左摆拳

动作：当对方用左摆拳打头部时，迅速下蹲，同时头部和上体微向前倾，利用腰，腹力量将头部从左向右闪，从对方左臂下闪过（图 2－39）。

要领：潜避动作幅度不可太大，也不宜蹲得太低；摇闪时两眼仍要注视对方，以便还击和进一步防守。

2. 从右向左摇避右摆拳

与左摆拳防守相同，方向相反（图 2－40）。

图 2－38

图 2－39

图 2－40

六、退　让

退让法是用来对付猛冲猛打对手的一种防御技术。

技术要点：退让主要有 2 种形式：一种是后仰，即后腿弯曲，重心后移，以利于迅速反击对手；另一种是通过步法的移动避开对手的攻击。使用退让法目的不是为了逃跑，而是为了挫败对手突然的猛烈攻击，避其锋芒，在退让中找对方的空当进行反击。但退让时不可连续直线后退，可转向对手侧面，变被动为主动（图 2－41）。

【案例分析】

1. 报仰防守直拳击头

2 人均右架站立，对手用左直拳进攻，立即后仰躲避对手进攻，伺机右直拳反击（图 2－42）。

图 2－41

图 2－42

2. 退让摆拳击面

2 人均右架站立，当对手用左架摆拳进攻时，应使用后撤步的方法向后退 1 步，伺机右摆拳反击（图 2－43）。

图 2－43

七、阻　扰

技术要点：阻挠是自己主动出拳干扰对手实现或迷惑对手。使用阻挠法的目的是不让对手有最佳出拳时机，设法对手防御上出现漏同，从而为自己攻击创造条件（图 2－44）。

图 2－44－1

图 2－44－2

【案例分析】

阻挠加后手直拳进攻。2 人均右架站立，应当对手主动出拳干扰对手视线或迷惑对手，用右直拳重拳进攻对手头部（图 2－45）。

图 2－45－1

图 2－45－2

八、掩　护

技术要点：运用掩护法时，应低头、含胸、收腹，将头两拳臂中间，借双臂进行掩护，并从两拳臂缝中监视对手伺机还击。使用此法，只有处在极度疲绕或被对手击中一时无力反击的情况下可使用。当然，如果有意识地用掩护法作为战术使用，又另当别论（图 2－46）。

【案例分析】

1. 上体右侧转，右拳掩护右下颌，左肩耸起，下颌藏于左肩下，左拳掩护胸部（图 2 – 47）。

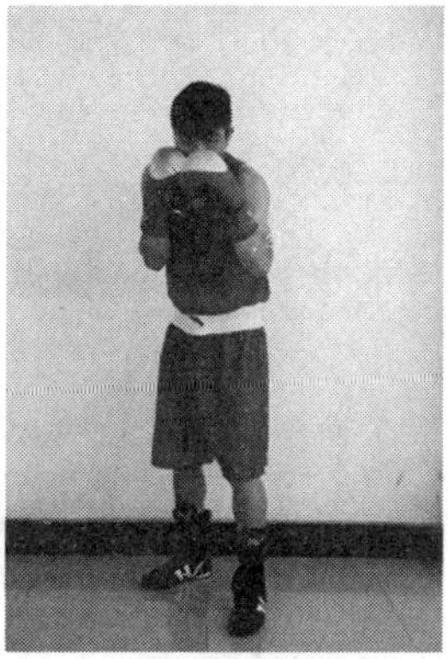

图 2 – 46

图 2 – 47

2. 右臂提起掩护下颌，左拳掩护胸腹（图 2 – 48）。

3. 两臂屈肘收臂紧护腹部，下颌藏于两拳之间，两眼注视对手（图 2 – 49）。

图 2 – 48

图 2 – 49

第四节　拳击的组合技术

拳击的组合技术就是将进攻和防守反击技术有效地组合起来所形成的。在拳击比赛中，有时单单靠一拳击倒对手获胜的可能性不是太大，而常常是通过针对对手的薄弱环节进行有效地组合各种技术，有假动作，有真动作，有试探性的出拳，有全力击打，总之通过有效地组合技术达到战胜对手的目的。因此，优秀的拳击运动员都掌握一种或多种组合技术。而且组合技术也不是一成不变的，是根据比赛场上的变化而变化。在本节中主要学习各种组合技术，在拳击比赛中，就同一个动作来说，既可以用来进攻，又可以用来防守，又可以用来防守，这就要求运动员不能死搬硬套，而要根据实际情况灵活运用。

组合技术就是根据比赛中攻防情况的变化，将 2 个以上的动作组合在一起的连接技术。由于拳击比赛的日趋激烈，运动员的技术水平越来越接近，可能运动员在进攻的同时就要防守，或是在防守的同时就要反击。使用单个的技术，往往会被有经验的选手化解或反击。为了战胜对手，就必须在熟练掌握单个基本技术的基础上，掌握一些组合技术，使对手在短时间内很难适应。当然这些组合技术也不是一成不变的，运动员在比赛中要根据场上的具体情况，灵活多变地运用组合技术，使对手摸不清自己技术动作的规律，借以达到出奇制胜的目的。

运动员在练习组合技术和比赛中要注意的问题如下。

1. 至少掌握 2 种绝招组合技术。一般来说，在比赛中能够得点的常常是自己的招组合技术，这要求运动员在训练中要使自己的绝招组合技术精益求精，并能够在比赛中熟练运用。

2. 在熟练掌握自己常用组合技术的同时，要基本掌握一两种相近的组合技术以防备在对手了解了自己的得点组合技术时，能够随机应变。

根据组合技术的性质可分为进攻组合和防守反击组合 2 种。

一、进攻组合

假动作：拳击是一种高智慧的运动，拳击运动员要学会假动作。打拳时，出拳速快、力度轻、动作标准，击打到跟前，不要打中对手，不仅是使用动作迷惑对手，而是用另一只手快速跟上有力出拳打击对手。虚实结合，声东击西，让自己有一个良好的进攻时机，增强个人战术能力，获得比赛胜利。

（一）以直拳为主的假动作进攻组合

1. 前手直拳假动作击打头部 + 后手直拳打头部（图 2 – 50）。

图2－50－1

图2－50－2

2. 前手直拳假动作击打头部＋后手摆拳击打头部（图2－51）。

图2－51－1

图2－51－2

3. 前手直拳假动作击打头部＋后手上勾拳击打腹部（图2－52）。

图2－52－1

图2－52－2

4. 前手直拳假动作击打头部 + 后手上勾拳击打下颌（图 2 – 53）。

图 2 – 53 – 1

图 2 – 53 – 2

5. 前手直拳假动作击打头部 + 后手直拳击打腹部（图 2 – 54）。

图 2 – 54 – 1

图 2 – 54 – 2

6. 后手直拳假动作击打头部 + 前手直拳击打头部（图 2 – 55）。

图 2 – 55 – 1

图 2 – 55 – 2

7. 后手直拳假动作击打头部＋前手摆拳击打头部（图2－56）。

图2－56－1

图2－56－2

8. 后手直拳假动作击打头部＋前手上勾拳击打下颌部（图2－57）。

图2－57－1

图2－57－2

9. 后手直拳假动作击打头部＋前手上勾拳击打腹部（图2－58）。

图2－58－1

图2－58－2

10. 前手直拳假动作击打腹部+后手直拳击打头部（图2-59）。

图2-59-1

图2-59-2

11. 前手直拳假动作击打腹部+后手摆拳击打头部（图2-60）。

图2-60-1

图2-60-2

（二）以摆拳假动作为主的进攻组合

12. 前手摆拳假动作击打头部+后手直拳击打头部（图2-61）。

图2-61-1

图2-61-2

13. 前手摆拳假动作击打头部 + 后手摆拳击打头部（图 2 – 62）。

图 2 – 62 – 1

图 2 – 62 – 2

14. 前手摆拳假动作击打头部 + 后手上勾拳击打下颌部（图 2 – 63）。

图 2 – 63 – 1

图 2 – 63 – 2

15. 前手摆拳假动作击打头部 + 后手上勾拳击打腹部（图 2 – 64）。

图 2 – 64 – 1

图 2 – 64 – 2

16. 后手摆拳假动作击打头部+前手直拳击打头部（图2-65）。

图2-65-1

图2-65-2

17. 后手摆拳假动作击打头部+前手摆拳击打头部（图2-66）。

图2-66-1

图2-66-2

18. 后手摆拳假动作击打头部+前手上勾拳击打下颌部（图2-67）。

图2-67-1

图2-67-2

19. 后手摆拳假动作击打头部 + 前手上勾拳击打腹部（图 2－68）。

图 2－68－1

图 2－68－2

（三）以勾拳为主的进攻组合

20. 前手平勾拳击打头部 + 后手直拳击打头部（图 2－69）。

图 2－69－1

图 2－69－2

21. 前手平勾拳击打头部 + 后手摆拳击打头部（图 2－70）。

图 2－70－1

图 2－70－2

22. 前手平勾拳击打头部＋后手上勾拳击打下颌部（图 2－71）。

图 2－71－1

图 2－71－2

23. 前手平勾拳击打头部＋后手上勾拳击打腹部（图 2－72）。

图 2－72－1

图 2－72－2

24. 后手平勾拳击打头部＋前手平勾拳击打头部（图 2－73）。

图 2－73－1

图 2－73－2

25. 后手平勾拳击打头部+前手摆拳击打头部（图2-74）。

图2-74-1

图2-74-2

26. 后手平勾拳击打头部+前手上勾拳击打下颌部（图2-75）。

图2-75-1

图2-75-2

27. 后手平勾拳击打头部+前手上勾拳击打腹部（图2-76）。

图2-76-1

图2-76-2

28. 前手上勾拳击打腹部+后手直拳击打头部（图2-77）。

图2-77-1

图2-77-2

29. 前手上勾拳击打腹部+后手摆拳击打头部（图2-78）。

图2-78-1

图2-78-2

30. 前手上勾拳击打腹部+后手上勾拳击打下颌部（图2-79）。

图2-79-1

图2-79-2

31. 前手上勾拳击打腹部 + 后手上勾拳击打腹部（图 2 – 80）。

图 2 –80 –1

图 2 –80 –2

32. 前手上勾拳击打腹部 + 前手摆拳击打头部（图 2 – 81）。

图 2 –81 –1

图 2 –81 –2

33. 后手上勾拳击打腹部 + 前手摆拳击打头部（图 2 – 82）。

图 2 –82 –1

图 2 –82 –2

34. 后手上勾拳击打腹部 + 前手上勾拳击打下颌部（图 2－83）。

图 2－83－1

图 2－83－2

35. 后手上勾拳击打腹部 + 前手上勾拳击打腹部（图 2－84）。

图 2－84－1

图 2－84－2

（四）连续进攻组合

36. 前手刺拳击打头部 + 后手直拳击打头部（图 2－85）。

图 2－85－1

图 2－85－2

37. 前手刺拳击打头部+后手直拳击打头部+前手直拳击打头部（图2－86）。

图2－86－1

图2－86－2

图2－86－3

38. 前手刺拳击打头部+后手摆拳击打头部+前手上勾拳击打腹部（图2－87）。

图2－87－1

图2－87－2

图2－87－3

39. 前手刺拳击打头部+后手上勾拳击打腹部+前手摆拳击打头部（图2－88）。

图2－88－1

图2－88－2

图2－88－3

40. 前手直拳击打头部+后手直拳击打头部+前手直拳击打腹部（图2-89）。

图2-89-1

图2-89-2

图2-89-3

41. 前手直拳击打头部+后手直拳击打头部+前手摆拳击打头部（图2-90）。

图2-90-1

图2-90-2

图2-90-3

42. 前手直拳击打头部+后手上勾拳击打下颌部+前手上勾拳击打下颌部（图2-91）。

图2-91-1

图2-91-2

图2-91-3

43. 前手直拳击打头部 + 前手摆拳击打头部 + 后手直拳击打头部（图 2－92）。

图 2－92－1

图 2－92－2

图 2－92－3

44. 前手直拳击打头部 + 后手摆拳击打头部 + 前手摆拳击打头部（图 2－93）。

图 2－93－1

图 2－93－2

图 2－93－3

45. 后手直拳击打头部 + 前手直拳击打头部 + 后手直拳击打头部（图 2－94）。

图 2－94－1

图 2－94－2

图 2－94－3

46. 后手直拳击打头部＋前手直拳击打头部＋后手摆拳击打头部（图2－95）。

图2－95－1

图2－95－2

图2－95－3

47. 后手直拳击打头部＋前手直拳击打头部＋后手上勾拳击打下颌部（图2－96）。

图2－96－1

图2－96－2

图2－96－3

48. 后手直拳击打头部＋前手直拳击打头部＋后手上勾拳击打腹部（图2－97）。

图2－97－1

图2－97－2

图2－97－3

49. 后手直拳击打头部 + 前手摆拳击打头部 + 后手直拳击打头部（图 2 –98）。

图 2 –98 –1

图 2 –98 –2

图 2 –98 –3

50. 后手直拳击打头部 + 前手摆拳击打头部 + 后手摆拳击打头部（图 2 –99）。

图 2 –99 –1

图 2 –99 –2

图 2 –99 –3

51. 后手直拳击打头部 + 前手摆拳击打头部 + 后手上勾拳击打下颌部（图 2 –100）。

图 2 –100 –1

图 2 –100 –2

图 2 –100 –3

52. 后手直拳击打头部 + 前手摆拳击打头部 + 后手上勾拳击打腹部（图 2 - 101）。

图 2－101－1

图 2－101－2

图 2－101－3

53. 前手摆拳击打头部 + 后手直拳击打头部 + 前手直拳击打头部（图 2 - 102）。

图 2－102－1

图 2－102－2

图 2－102－3

54. 前手摆拳击打头部 + 后手直拳击打头部 + 前手摆拳击打头部（图 2 - 103）。

图 2－103－1

图 2－103－2

图 2－103－3

55. 前手摆拳击打头部＋后手直拳击打头部＋前手上勾拳击打下颌部（图 2－104）。

图 2－104－1

图 2－104－2

图 2－104－3

56. 前手摆拳击打头部＋后手直拳击打头部＋前手上勾拳击腹部（图 2－105）。

图 2－105－1

图 2－105－2

图 2－105－3

57. 前手摆拳击打头部＋后手摆拳击打头部＋前手摆拳击打头部（图 2－106）。

图 2－106－1

图 2－106－2

图 2－106－3

58. 前手摆拳击打头部 + 后手摆拳击打头部 + 前手上勾拳击打下颌部（图 2 – 107）。

图 2 – 107 – 1

图 2 – 107 – 2

图 2 – 107 – 3

59. 前手摆拳击打头部 + 后手摆拳击打头部 + 前手上勾拳击打腹部（图 2 – 108）。

图 2 – 108 – 1

图 2 – 108 – 2

图 2 – 108 – 3

60. 后摆拳击打头部 + 前手直拳击打头部 + 后手直拳击打头部（图 2 – 109）。

图 2 – 109 – 1

图 2 – 109 – 2

图 2 – 109 – 3

61. 后手摆拳击打头部 + 前手直拳击打头部 + 后手摆拳击打头部（图 2 – 110）。

图 2 – 110 – 1

图 2 – 110 – 2

图 2 – 110 – 3

62. 后手摆拳击打头部 + 前手直拳击打下头部 + 后手上勾拳击打下颌部（图 2 – 111）。

图 2 – 111 – 1

图 2 – 111 – 2

图 2 – 111 – 3

63. 后手摆拳击打头部 + 前手直拳击打头部 + 后手上勾拳击打腹部（图 2 – 112）。

图 2 – 112 – 1

图 2 – 112 – 2

图 2 – 112 – 3

64. 后手摆拳击打头部+前手摆拳击打头部+后手摆拳击打头部（图2－113）。

图2－113－1

图2－113－2

图2－113－3

65. 后手摆拳击打头部+前手摆拳击打头部+后手上勾拳击打下颌部（图2－114）。

图2－114－1

图2－114－2

图2－114－3

66. 后手摆拳击打头部+前手摆拳击打头部+后手上勾拳击打腹部（图2－115）。

图2－115－1

图2－115－2

图2－115－3

二、防守反击组合

（一）以拍击对方前后手直拳为主的防守反击组合

67. 拍击对方前手直拳＋前手直拳击打头部＋后手直拳击打头部（图2－116）。

图2－116－1

图2－116－2

68. 拍击对方前手直拳＋前手直拳击打头部＋后手摆拳击打头部（图2－117）。

图2－117－1

图2－117－2

69. 拍击对方前手直拳＋前手直拳击打头部＋后手上勾拳击打下颌部（图2－118）。

图2－118－1

图2－118－2

70. 拍击对方前手直拳＋前手直拳击打头部＋后手上勾拳击打腹部（图2－119）。

图2－119－1

图2－119－2

71. 拍击对方后手直拳＋后手直拳击打头部＋前手直拳击打头部（图2－120）。

图2－120－1

图2－120－2

72. 拍击对方后手直拳＋后手直拳击打头部＋前手摆拳击打头部（图2－121）。

图2－121－1

图2－121－2

73. 拍击对方后手直拳＋后手直拳击打头部＋前手上勾拳击打下颌部（图2－122）。

图2－122－1

图2－122－2

74. 拍击对方后手直拳＋后手直拳击打头部＋前手上勾拳击打腹部（图2－123）。

图2－123－1

图2－123－2

（二）以左右闪躲对方左右拳为主的防守反击组合

75. 向右闪躲对方左直拳 + 右手上勾拳击打腹部（图 2 – 124）。

图 2 –124 –1

图 2 –124 –2

76. 向右闪躲对方左直拳 + 右手上勾拳击打腹部 + 左手直拳击打头部（图 2 – 125）。

图 2 –125 –1

图 2 –125 –2

77. 向右闪躲对方左直拳 + 右手上勾拳击打腹部 + 左手摆拳击打头部（图 2 – 126）。

图 2 –126 –1

图 2 –126 –2

78. 向右闪躲对方左直拳 + 右手上勾拳击打腹部 + 左手上勾拳击打下颌部（图 2 – 127）。

图 2 – 127 – 1

图 2 – 127 – 2

79. 向右闪躲对方左直拳 + 右手上勾拳击打腹部 + 左手上勾拳击打腹部（图 2 – 128）。

图 2 – 128 – 1

图 2 – 128 – 2

80. 向左闪躲对方右直拳 + 左手上勾拳击打腹部（图 2 – 129）。

图 2 – 129 – 1

图 2 – 129 – 2

81. 向左闪躲对方右直拳 + 左手上勾拳击打腹部 + 右手直拳击打头部（图 2 - 130）。

图 2 - 130 - 1

图 2 - 130 - 2

82. 向左闪躲对方右直拳 + 左手上勾拳击打腹部 + 右手摆拳击打头部（图 2 - 131）。

图 2 - 131 - 1

图 2 - 131 - 2

83. 向左闪躲对方右直拳 + 左手上勾拳击打腹部 + 右手上勾拳击打下颌部（图 2 - 132）。

图 2 - 132 - 1

图 2 - 132 - 2

84. 向左闪躲对方右直拳 + 左手上勾拳击打腹部 + 右手上勾拳击打腹部（图 2 – 133）。

图 2 – 133 – 1

图 2 – 133 – 2

（三）以格挡对方左右摆拳为主的防守反击

85. 格挡对方左摆拳 + 左直拳击打头部（图 2 – 134）。

图 2 – 134 – 1

图 2 – 134 – 2

86. 格挡对方左摆拳 + 左直拳击打头部 + 右手直拳击打头部（图 2 – 135）。

图 2 – 135 – 1

图 2 – 135 – 2

87. 格挡对方左摆拳 + 左直拳击打头部 + 右手摆拳击打头部（图 2 - 136）。

图 2 - 136 - 1

图 2 - 136 - 2

88. 格挡对方左摆拳 + 左直拳击打头部 + 右手上勾拳击打下颌部（图 2 - 137）。

图 2 - 137 - 1

图 2 - 137 - 2

89. 格挡对方左摆拳 + 左直拳击打头部 + 右手上勾拳击打腹部（图 2 - 138）。

图 2 - 138 - 1

图 2 - 138 - 2

90. 格挡对方右摆拳＋右直拳击打头部（图 2－139）。

图 2－139－1

图 2－139－2

91. 格挡对方右摆拳＋右直拳击打头部＋左手直拳击打头部（图 2－140）。

图 2－140－1

图 2－140－2

92. 格挡对方右摆拳＋右直拳击打头部＋左手摆拳击打头部（图 2－141）。

图 2－141－1

图 2－141－2

93. 格挡对方右摆拳 + 右直拳击打头部 + 左手上勾拳击打下颌部（图 2 – 142）。

图 2 – 142 – 1

图 2 – 142 – 2

94. 格挡对方右摆拳 + 右直拳击打头部 + 左手上勾拳击打腹部（图 2 – 143）。

图 2 – 143 – 1

图 2 – 143 – 2

（四）以摇避躲开对方左右手摆拳为主的防守反击组合

95. 摇避躲开对方左手摆 + 右手摆拳击打头部（图 2 – 144）。

图 2 – 144 – 1

图 2 – 144 – 2

96. 摇避躲开对方左手摆＋右手摆拳击打头部＋左手直拳击打头部（图2－145）。

图2－145－1

图2－145－2

97. 摇避躲开对方左手摆＋右手摆拳击打头部＋左手摆拳击打头部（图2－146）。

图2－146－1

图2－146－2

98. 摇避躲开对方左手摆＋右手摆拳击打头部＋左手上勾拳击打下颌部（图2－147）。

图2－147－1

图2－147－2

99. 摇避躲开对方左手摆＋右手摆拳击打头部＋左手上勾拳击打腹部（图2－148）。

图2－148－1

图2－148－2

（五）以肩部防守对方左直拳为主的防守反击

100. 肩部防守对方左直拳＋右手直拳击打头部（图2－149）。

图2－149－1

图2－149－2

101. 肩部防守对方左直拳＋右手摆拳击打头部（图2－150）。

图2－150－1

图2－150－2

102. 肩部防守对方左直拳 + 右手上勾拳击打下颌部（图 2 – 151）。

图 2 – 151 – 1

图 2 – 151 – 2

103. 肩部防守对方左直拳 + 右手上勾拳击打下颌部（图 2 – 152）。

图 2 – 152 – 1

图 2 – 152 – 2

104. 肩部防守对方左直拳 + 右手直拳击打腹部（图 2 – 153）。

图 2 – 153 – 1

图 2 – 153 – 2

（六）以后闪躲开对方左右直拳为主的防守反击

105. 后闪躲开对方左手直拳 + 左手直拳击打头部（图 2 – 154）。

图 2 – 154 – 1

图 2 – 154 – 2

106. 后闪躲开对方左手直拳 + 左手摆拳击打头部（图 2 – 155）。

图 2 – 155 – 1

图 2 – 155 – 2

107. 后闪躲开对方左手直拳 + 右手直拳击打头部（图 2 – 156）。

图 2 – 156 – 1

图 2 – 156 – 2

108. 后闪躲开对方左手直拳 + 右手摆拳击打头部（图 2 – 157）。

图 2 – 157 – 1

图 2 – 157 – 2

思考与练习

1. 在使用前手直拳进攻对手时，自己如何防守？
2. 简述拳击步法对防守的重要性。
3. 在拳击比赛中如何进攻？
4. 在拳击比赛中如何使用重拳？
5. 简述拳击组合拳的重要性。
6. 在比赛中如何使用假动作欺骗对手？
7. 拳击基本技术如何练习？
8. 防守对手后手重拳重要吗？应如何防守？
9. 请举例 3 个以上自己常用的拳击组合拳。
10. 拳击步法有哪些？并说明每个步法移动的重点。

第三章　拳击教学理论与方法

教学是教师的教和学生的所学组成的一种人类特有的人才培养活动，通过这种活动，教师有目的、有计划、有组织地引导学生积极自觉地学习和加速掌握文化科学基础知识和基本技能，促进学生多方面素质全面提高，使他们成为社会所需要的人。

拳击教学是教师按照教学计划和大纲的要求组织学生学习拳击运动知识的活动过程，通过学习让学生掌握拳击基本的技战术、体能及心理的训练方法等，从而进一步为提高技术、战术的运用能力打好基础。

拳击教学的基本任务：掌握拳击理论知识、技术、战术，提高身体素质，改善身体技能，增强体质，使学生初步具有拳击运动的教学、训练、竞赛组织、裁判和科研等工作能力，培养优良的思想和道德品质，以及勇猛顽强的意志品质。

在拳击技术、战术的教学中，要特别注意基本技术动作的规范化和战术训练方法的掌握，与此同时，向学生传授拳击基本理论知识，使学生正确理解技战术的概念、动作方法、规范要求、运用时机等。要在实践的同时，结合拳击运动的特点，加强组织性、纪律性的教育，培养集体主义精神、勇敢顽强、积极拼搏、克服困难的意志品质，以及养成谦虚礼让的高尚品德和尊师重道、讲理守信的良好到的作风，最终目的是使学生成为德、智、体全面发展的社会主义建设所需要的专门人才。

第一节　拳击教学原则

教学原则是根据对教育的目的、教学过程及学生身心发展规律的认识，从教学中总结出来的。它是教学工作的基本要求，是教师在教学活动中处理思想性与科学性、理论与实践、知识与能力、主动与被动等各种关系的准则。在教学工作中能否正确地运用教学原则与教学效果有直接的关系。教师必须深入理解教学工作中的各种辩证关系，正确地运用这些原则，把教与学、主观与客观恰当地融为一体，调动一切积极因素，提高教学质量。

一、直观性原则

直观性原则是指在教学中尽量利用学生的感官和已有的经验，通过各种形式的感知，丰富学生的刚性认识和直接经验，使学生获得生动的表象，从而掌握所学知识、技术、技能，并发展学生的思维能力。

人的认识要经过从感性阶段到理性阶段的认识过程。在拳击的教学中，学生除了通过视觉、听觉来感知动作的形象外，还要通过触觉和肌肉的本体感觉来感知动作的要领、方位、肌肉用力的程度和方法。从而建立完整正确的动作形象和概念。因此，正确运用直观性原则，对提高教学质量是十分重要的。

贯彻直观性原则可运用以下方法。

1. 不同的示范方法，建立完整的动作概念。拳击教学中常用的示范方法有：完整示范法、分解示范、正面示范、侧面示范、背面示范、错误动作示范、正误对比示范、边讲解示范等。同时，在示范过程中还需要注意以下 2 点：示范的位置应使每个学生都能看见、听到；示范要主次分明，重点突出。进行示范前应对学生明确提出观看的重点和次序。教师可在完整示范后，再进行分解动作示范。

2. 用生动的语言进行启发式教学。通过讲解、口令、提示、要求、指示、比喻、复诵、反问、提问等促使学生积极思维，加深对教学内容的理解。

3. 在教学过程中要注意讲解与示范紧密配合。讲解与示范结合可使直观与思维很好地结合起来，收到更好的效果。教授新动作时，讲解一定要配合足够的示范；复习课时示范要有重点、有针对性，讲解要有分析。

4. 运用挂图、图表、照片、幻灯、录像等直观教具和现代化的教学手段进行教学。

5. 有针对性地观摩教学课、训练课和正式比赛。

二、自觉性和积极性原则

教学是教师和学生的双边活动，在这个对立统一的过程中教师起主导作用，学生是教学活动的主体。学生渴求知识，掌握技术的愿望和行动是完成教学任务的前提，在教学中必须把教室的主导作用与学生的主动性结合起来，教育学生明确学习目的，调动其学习积极性和主动性，激发学生求知欲，培养学生热爱拳击的兴趣，引导学生独立思考，灵活运用知识，使学生的学习成为自觉的行为。

在教学中学生的学习积极性主要表现为：遵守课堂纪律，学习刻苦，作风顽强，能完成规定的练习，并能主动配合老师完成教学任务。

要贯彻自觉性和积极性原则应注意以下几点。

1. 要使学生明确学习目的，端正学习态度。教学过程中教师要经常对学生进行思想教育，教书育人，使学生认识学习拳击对增强体质和自卫防身等方面的意义，以促进学习的积极性和自觉性，树立为体育事业献身的精神。

拳击教学中的思想教育应着重围绕以下几个方面：培养勇猛顽强、刻苦训练的意志品质，养成刻苦训练、自觉遵守纪律、谦虚有礼的作风，培养团结互助的集体主义思想。教学开始应向学生宣布教学目的、任务、要求、考核项目与标准。每次课要使学生明确本次课的教学任务及要求，使学生有目的地进行学习。

2. 严密课的组织教法。合理安排练习的组数、次数、时间、运动量，调动学生学习的兴趣。有了兴趣，学生学习的积极性和自觉性就能提高。对初学者应通过思想教育，通过各种基础练习逐渐消除学生的害怕心理，树立良好的拳击信心。在教学中要善于根据学生的情况提出合理的要求，使学生经过一定的努力能够完成，从而做到每一堂课都有新的体会和进步。课上组织教法要多样化，可采用游戏和实战比赛的方法，尽量使教学气氛生动活泼。

3. 教师以身作则，处处做学生的表率。教师要有高度的责任心和业务水平，注意自己的言行仪表，热爱自己的工作。在教学过程中，应随时了解拳击的理论、技术、教学、训练等方面的发展趋势，提高教学质量。

4. 恰当地运用教师以表扬为主，表扬与批评相结合的方法，激励学生学习的自觉性和积极性。

三、循序渐进原则

循序渐进原则也称为系统性原则。根据人们认识事物的规律，运用技能形成与人体生理机能活动能力的变化规律，要遵循由简到繁、由易到难、由浅入深，逐渐深化的认识过程，而教学是一个复杂的系统工程，精心安排每节课的教学内容、练习方法、运动负荷以及采取的教学措施。使学生能系统学习，有效地掌握知识、技能和技术。

由于技术的难易程度以及学生接受能力的个体差异，不同的教学对象对同一技术难度的理解不同，即使是同一教学对象，随着教学过程的深入，对同一技术难度理解也不同。因此简与繁、易与难、浅与深是相对的，不是绝对的。应因教学对象、教学内容而定，灵活地运用系统性原则，防止简单化、公式化。

在拳击教学中贯彻循序渐进原则可运用以下方法。

1. 制订切实可行的教学文件、大纲、进度、教案，保持教学的系统性和连续性。

2. 根据教学的难易程度和各项技战术的有机联系，科学地安排教学顺序。课与课之间的教学内容要衔接连贯，并注意理论与技术、技术与战术的衔接连贯性，以及技术对身体素质的依赖关系等。

3. 严密组织教法，发挥教师的主导作用，可根据具体情况调整课的密度和强度。

4. 逐步增加练习难度，运动量的安排要逐渐加大，使学生一直保持有新的努力目标和方向，以此激发学生的探求知识的欲望。

四、实际出发原则

实际出发原则是指教学任务、内容、要求、组织教法和运动量的安排，都要符合学生的年龄、性别、运动基础和身体发育水平，以及符合学校场地、器材设备的实际情况，实施适当的组织教法，合理安排课的强度和量。

在拳击教学中贯彻实际出发原则要注意以下 2 点。

1. 课前做好调查研究，切实掌握学生的具体情况。教师要通过各种途径和方法，全面掌握学生的拳击基础、思想意志品质、组织纪律性、身体情况以及掌握个别学生的特殊情况。尤其是开展女子拳击教学活动时，更应注意女性身解剖、生理的特点。

2. 一般要求与区别对待相结合，做到因人施教。在教学中，学生的情况不完全相同，既要照顾到一般学生的情况，又要考虑到个别学生的特点。

五、理论与实践相结合原则

从培养目标和对拳击教学课要求的实际需要出发，合理安排理论部分、实践部分以及技能培养的教学内容和时数分配。理论部分主要采用系统讲授、专题讲座、自学、作业与讨论等方式进行；实践部分主要采用教学、训练比赛相结合，以练习为主的方式进行技能培养。技能培养主要采用带准备活动、部分课实习、制订教案与训练计划、组织教学比赛和担任裁判等方式进行。教学中一般先进行技术教学，使学生在运动实践中更好地了解一些动作要领，促使学生更快地掌握好动作。然后在实践的基础上再学习技术分析、教学与训练方法等理论，使认识由感性发展到理性阶段。课堂提问、课堂讨论、课堂作业、教学实习等形式，可以培养学生运用已学习到的知识和技能的能力，养成分析问题和解决问题的习惯，并可使认识过程由理论回到实践中去。拳击教学证明只有把理论联系实际很好地结合起来，并以教学中的主要时间让学生亲自参加运动实践，才能收到好的效果。

六、巩固性原则

巩固性原则是指在教学中，使学生牢固地掌握所学的知识、技术和技能，能随时在记忆中再现这些内容，并能在实践中加以运用。技术的巩固程度为技术的提高创造了条件，因此在拳击教学中，不仅要使学生自觉地去学习拳击知识和技术，而且还要让他们注意巩固已掌握的知识和技术，使学生在巩固的过程中不断提高技术水平。要使学生在较短的时间内牢固掌握所学的知识和技能，需要及时地不断地重复，防止遗忘。知识的巩固要贯穿于教学的各个环节，贯彻巩固行原则，必须处理好技术动作的正确性与练习次数的关系。初学者以建立正确的技术概念，形成规范的动作为主，在此基础上增加练习次数，强化技术，达到巩固提高技术的目的。

贯彻巩固性原则时可以运用以下方法。

1. 使学生明确正确的动作概念、要领和完成的方法手段，并了解所学技术的使用前提条件。

2. 反复学习，逐步消除技术动作的缺点，使之趋于完善，达到技术的正确动力定型。

3. 在掌握知识和技能的基础上，不断提高新的要求，以求达到新的水平。

4. 加强身体素质和作风培养。

第二节　拳击教学方法

教学方法是教师实现教学任务的具体手段，也是各项教学原则的具体体现。拳击运动的教学应根据教学任务、技战术的系统性，合理安排教学的顺序。在进行任何技术动作或战术方法教学时，都应遵循教学原则的基本要求和运动技能形成的理论，结合拳击运动的特点，正确地选择和运用教学方法去完成教学任务。具体的拳击教学通常分为以下 3 个教学步骤。

一、初步掌握动作

（一）运用直观法

主要采用正确的示范动作，使学生建立正确的技术动作表象。提高学生兴趣，激发学生的自觉性、积极性。为了建立完整的示范动作概念，一般先做一次完整的示范动作，再根据技术动作的结构和要求做重点示范，让学生注意力重点放到动作最主要的环节上。为了使学生能看清示范动作，要注意示范的位置及方向。

教师在教学过程中所采用的示范面一般有正面示范、侧面示范、背面示范和镜面示范 4 种。示范位置一般如下。

1. 学生排成 1 列或 2 列横队，教师在前面。

2. 学生排成 2 路纵队，教师在中间。

3. 学生分为 1 列或 2 列横队，排成半圆弧形或马鞍形，教师在中间。

4. 学生人数较多，则排成 3 排或 4 排横队，前面两排学生蹲下或坐下，且前后学生依次错开，教师在前面。

总之，无论采用何种队形，原则上是教师示范的位置和示范面都应让学生比较清楚地观察到示范的动作。

（二）运用语言法

向学生讲解技术动作的名称、作用、方法、要领和要求，指导学生进行技术练习，正确的讲解有助于学生掌握技术动作，启发学生积极思维，加深对技术动作的理解程度，培养分析问题和解决问题的能力。讲解一般是按动作结构的顺序进行的，然后指出技术动作的要点。讲解要通俗易懂、简明扼要，表达要生动形象。讲解的内容包括以下几个方面。

1. 动作的名称、类别。使学生先对此动作有概念上的认识，如左右直拳是主要进攻动作，闪躲主要用来防守反击。

2. 基本要求。指对动作的要求，如出直拳时要蹬地转髋用身体转动的力带动上臂，以及拳击时用拳的正面击打等。

3. 动作规格。使学生明确动作的质量标准，力求动作规范，如步伐到位等。

4. 动作重点。使学生明白动作的关键之处，先掌握动作的主要环节。

5. 易犯错误与纠正。在学生练习前讲解易犯错误，使学生意识到错误所在而力求预防；在学生练习中讲解，使学生主动去纠正错误。

6. 比赛应用。讲解动作在比赛中的应用，使学生明白在比赛中如何去应用，以及在应用中需要注意的问题。

（三）练习法

在教室示范与讲解的基础上，学生开始练习并体会动作，将视觉、听觉、本体感觉联合起来，以便获得所要学习的技术动作的运动感觉。教师从学生练习中可以检验要学习的技术动作概念的理解程度，发现在实际完成动作时的主要问题，特别是技术动作主要环节的完成情况，对技术动作进行补充示范与讲解，以动作的规范来强化动作概念的形成。

【右直拳教学步骤实例】

1. 右直拳动作讲解、示范。
2. 原地练习。
3. 纠正动作，巩固提高。
4. 结合步伐练习。
5. 结合手靶练习。
6. 结合右直拳的组合拳练习。
7. 结合防守反击练习。
8. 技术对练。
9. 实战练习。

二、熟练掌握技术动作

根据技术动作的难易程度，正确地选择和运用教学方法。一般来说，一个拳击动作的教学，主要利用完整和分解 2 种方法，在练习中以重复练习法和变换练习法。

（一）完整教学法

完整教学法就是从动作开始到结束，不分部分和段落，完整地进行教学。它的优点是便于学生完整地掌握动作，不至于破坏动作的结构和割裂动作各部分的联系。简单的技术动作，如直拳动作，就可采用完整练习法。这种教法的缺点是不容易掌握动作中较困难的要素和环节。

在教授复杂和较难的动作采用完整法时，要突出重点。开始先重点注意技术的基础部分，然后再逐渐掌握细节部分；或先要求动作路线，然后再要求力量和速度。并要广泛采用各种专门或诱导性学习，发展相应的肌肉及其协调配合能力，帮助学生体会动作要点。

（二）分解教学法

把完整的动作合理地分成几个部分，按部分逐步地进行教学，最后达到全部掌握。其优点是可以简化教学过程，便于掌握动作的准确性，有利于学生感知和了解动作的各个环节，提高学生学习信心；有利于更快地掌握较复杂的动作。如上步左右直拳动作可分解为步法移动、原地左右直拳、上步左右直拳 3 个部分。在训练中需要注意分解法如运用不当，容易使动作割裂，破坏动作结构，从而影响正确动作形成。因此，运用分解法教学时应注意以下几点。

1. 分解动作各部分时应考虑到它们之间的有机联系，使动作各部分之间的划分不至于改变动作的结构。

2. 使学生明确所划分的部分在完整动作中的位置。

3. 要与完整法相结合运用，运用分解法是为了完整地掌握动作，因此分解教学时间不宜过长。

4. 分解示范有慢速分解示范和常速分解示范 2 种。一般先采用慢速分解示范，然后逐渐过渡到常速分解示范，同时要把慢速与常速的示范有机地结合起来运用。

（三）2 种教学法的比较与配合运用

对一个动作的教法应取决于这个动作的复杂程度和学生接受运动技术的能力。学习简单技术时完整教学法分解教学法优越，学习较复杂的技术时分解教学法较优越。但一个动作是简单还是复杂只能相对而言，对基础好的学生是简单技术，而对基础差的学生可能是复杂技术。因此，同一个技术对学习能力强的学生可能采用完整法比较适用，学习能力差的学生可能采用分解法更好。因此，在拳击教学中，2 种方法是互相紧密配合运用的。运用分解法时，应积极创造条件以达到完整地掌握动作；在以完整法为主进行练习时，也可对动作的某个环节进行分解练习，这是根据教材的特点和教学的具体需要而定。

在教学实践中总结出来的完整—分解—完整的练习法，是把完整法和分解法较好地结合起来的方法。就是在教学中首先通过示范、讲解和练习，让学生初步建立完整的动作概念。然后通过必要的分解步骤使学生进一步体会和初步掌握分解动作，接着尽快进入完整配合练习。

（四）重复练习法和变换练习法

在拳击教学过程中，重复练习法和变换练习法也是常用的训练方法。

1. 重复练习法

一般在简化条件下练习，形成技术动作正确的动力定型。让学生在配合条件下，不断地重复练习某个动作。如学习直拳时，抓住动作的主要环节集中练习拳击直拳动作，暂时可以对步法、重心移动等动作细节不作要求，等学生反复练习而基本掌握直拳时，再对其各个环节提出要求并进行完整练习。在整个教学过程中学生并不是很顺利地完成动作，常会产生这样那样的错误，教师要善于预防和发现并及时纠正错误，这对于学生形成正确的技术动力定型十分重要。

2. 变换练习法

运用此法主要是使学生在复杂情况下巩固技术动作的动力定型。在拳击练习中通过变换完成技术动作的条件和练习的组织形式，加大完成技术动作的难度，提高完成动作的要求，从而达到巩固、改进和完善动作的目的。通过变换练习法，在反复练习中，注意纠正出现新的错误，使技术动作逐步协调、准确，达到进一步改进、完善动作的目的。

在掌握了多个动物的基础上，除了进一步巩固已形成的动作定型的同时，主要是解决技术的熟练问题，通过不断的复习巩固，进一步熟练基本技术，在训练中与同伴配合，共同进步，为在对抗条件下运用技术打好基础。如果在技术上不熟练的情况下进行实战，由于动作还没有定型，在对抗条件下，技术很容易变形，这为进一步提高增加了很大的难度，因此在技术不是太熟练的情况下，最好由 2 个人配合，在模拟实战的条件下逐步提高，为掌握组合技术打下坚实的基础。

三、掌握组合技术

在全面掌握基本动作的基础上，学习组合技术，将拳法和步法协调配合。并在实战条件下，学会克服对手的阻挠和制约，达到准确、合理地运用技术。

掌握组合技术是利用某些动作为假动作来迷惑对手，使其防守时重心移动，在其调整重心时乘虚而入，使用随后的第二个动作。这要求假动作做得逼真，而且真假动作的改变要快速。如拳击教学训练中，进攻者先使用直拳假动作进攻对方，待对方防守时，再立即使用后手摆拳攻击得点。通过如此的反复练习，不断提高运用技术的应变能力。

在拳击技术教学中，教学步骤不是一成不变的，而是灵活地加以运用。一般来说，在开始学习拳击技术时，特别要掌握正确的技术动作，严格规范要求，反复进行练习。并在此基础上，与掌握组合技术的教学交叉进行，然后再转入在实战条件下进一步提高运用技术的能力和应变能力。总之，教学方法必须根据教学目的、任务、教材的特点、学生的实际和场地条件等具体情况来确定。教学过程中应充分发挥教师的创造性，从实际出发遵循学生的认识规律和动作技能形成的规律，讲求实际，防止形式主义。

第三节　拳击教学的组织与进行

拳击教学是落实教学计划的具体教学形式。组织形式是根据教学的具体任务、内容和对象的特点而决定的，一般包括理论和实践 2 大类。理论中有理论课、自学辅导、电化教学（电影、幻灯、录像等）、课堂讨论、课外作业等形式；实践中有技术课、教学作业、教学实习、教学比赛、课外作业等形式。根据体育教学过程的客观规律，拳击课的组织结构基本上有 4 个部分，即开始部分、准备部分、基本部分和结束部分。要根据课的任务、内容、组织教法及学生的特点而有所侧重。而上好一节课应该处理好课前准备、课的组织实施和课后分析 3 个环节。

一、教学课的 3 个环节

（一）课前的准备工作

1. 上好一节课首先要熟悉教材，明确所授教材在《教学大纲》中的地位和《教学大纲》对教材的要求。要明确教材的主次关系、重点和难点、组织结构、教法步骤及课的任务和要求。

2. 了解情况。充分了解学生情况是搞好备课工作的前提，只有充分掌握学生情况，才能使教学工作切合学生的实际，从而更好地完成课的任务。在所教的班级中，一般先了解学生的人数、年龄、性别、项目、健康状况和训练程度。另外还要了解学生思想情况和组织纪律性，以及对过去教材的掌握程度，以便确定课的任务、内容和组织方法，正确贯彻一般要求与个别对待相结合原则。

3. 场地器材的准备和检查。

4. 书写教案。

（二）课的组织实施工作

1. 时间分配及练习方法的选择

一堂拳击实践教学课一般由 4 个部分组成：开始部分、准备部分、基本部分和结束部分。

（1）开始部分

约占全部时间的5%。它的主要部分是组织学生，使学生明确课的任务和要求。内容主要有集合整队、检查人数、安排见习生、讲述课的内容和教学任务、要求和思想动员等。

（2）准备部分

约占全部时间的15%～20%。它的主要任务是使身体各器官系统迅速进入工作状态，为基本部分的学习做好充分准备。一般包括如下内容：集中注意力练习。使学生建立适宜的兴奋性，把注意力集中到本次课上来。方法多采用小游戏，口令变化等，但此项内容应根据对象的具体情况而选择适当的练习，每次课不能形式地照例安排此项内容。

准备部分按活动性质和任务可分为一般准备活动和专项准备活动。一般准备活动主要是促进身体各关节、肌肉群都得到活动。专门准备活动主要是在进行基本部分前，使与基本部分内容有关的机体器官做好充分准备，其动作性质要与基本部分内容相适应，如做一些徒手或阻力的模仿技术练习等。准备活动的内容和组织方法是多种多样的，但在课堂上必须根据课的任务、特点和学生特点正确组织和安排。

（3）基本部分

一堂课的任务主要是在基本部分来完成，它的主要任务是使学生掌握和提高拳击的基本知识、技战术和技能，提高身体素质，改善身体器官的机能，增强体质，提高学生的身体训练水平，培养优良的品质。基本部分的主要内容包括技战术练习和身体素质练习，以及有关的理论知识和技能。安排练习内容时，技术练习安排在前，力量练习在后；动力练习在前，静力练习在后；学习技术练习在前，对抗练习在后，不同作用的练习穿插进行。提高身体素质的练习安排在课的最后，运动量的安排应逐渐增大。

（4）结束部分

约占全部时间的5%。它的主要任务是有组织地结束一堂课，使人体参与用力的肌肉拉长或放松，并转入相对安静的状态和进行课的总结。结束部分内容一般采用放松慢跑、放松练习、按摩及做些平静的活动性游戏，做课的总结和布置课外作业。在实际教学工作中不能忽视这部分的内容，更不能因为其他原因挤掉结束部分的时间，以至影响课的结束。

2. 能力的培养

能力是指运用掌握的知识和技术解决实际问题的能力。拳击的教学课，主要是培养学生的开拓精神，使其创造性地运用所掌握的知识和技术解决遇到的实际问题。具体表现在培养学生教学训练能力、组织竞赛能力、裁判工作能力、技战术运用能力等。培养能力的方法很多，如让学生带准备活动和部分技术动作的示范、讲解等。

（三）课后总结工作

课后总结是总结教学经验、整理反馈信息、调控教学的有效方法。一堂课的教学质量应从完成课程任务的情况来衡量，而任务完成的好坏和教师课前的准备及课上的一系列工作的分不开的。因此，分析总结课的质量时一般应从如下 2 个方面入手。

1. 分析教师课前的准备工作。包括是否掌握了学生的情况，任务是否制订正确，课的内容是否符合课的任务，课的时间分配、课的组织与教学方法的运用及教案的质量如何，场地器材的准备情况等。

2. 分析教师在课上的组织教法和教学工作的质量，教学原则的贯彻和教学方法的运用，强度和运动量的掌握，时间的分配是否恰当，练习是否达到要求，学生的自觉性、积极性的调动与发挥等。

二、课的组织练习方法

学生在教师的指导下初步学会动作后，需要反复练习才能逐渐形成较为正确的动力定型和技能自动化。教师组织练习的方法，学生练习的次数、时间要根据学生原有的基础、课时总时间、教材的难易来决定，学生练习时要首先明确教师提出的具体要求和做法，认真地完成练习任务。一般常采用的组织练习方法有个人练习法、配合练习法、分组练习法、集体练习法、模拟比赛实战练习法。

（一）个人练习法

学生单独一个人练习，可以提高自己的记忆能力，并根据自身条件来理解动作，培养学生独立性，使其能够静心体会动作，不受他人的干扰。

（二）配对练习法

这是拳击教学中常用的方法。由于拳击比赛是两人的直接对抗，在掌握了基本动作后，多进行双人的配对攻防练习。尤其是戴上护具后进行配对双人练习时要明确练习目的，强调安全性，防止受伤。

（三）分组练习法

在固定某一练习或进行循环练习时多采用分组练习法，一般是将体重相近的几个队员分为一组，或是将水平相近的几个队员分为一组，在练习中要互相配合，互相鼓励，休息间歇时可让同组人员互相指出优点和缺点，以共同进步。

（四）集体练习法

一般在学习新动作或教师领做动作时采用，强调动作的规范，要求令行禁止。教师应及时观察学生练习的情况，并及时给予集体纠正或个别纠正。

（五）实战练习法

模拟比赛进行教学实战练习并进行针对性的讲解，使学生提高实际运用能力。

三、教师的教法

在拳击的教学过程中，一般可采用以下几个步骤进行教学。

（一）示范在先

先由教师完整示范动作，使学生有一个全面的直观印象，然后分解示范并讲解，将动作分为几个部分，包括步法、出拳路线、先后顺序、身体重心、易犯错误与纠正等。

（二）学生模仿，分解为主

学生跟随教师进行动作模仿。教师应抓重点讲要领，先让学生掌握动作的基本结构，然后再强调先后细节，直到学会完整动作。此时教师应及时发现带有普遍性的错误并给予纠正，个别可单独进行辅导。

（三）先慢后快

先掌握了基本动作然后再在速度、力量方面进一步强化。从一开始动作就要求动作规范，教师应讲解动作的难点和使用条件，使学生逐步掌握动作的正确练习方法。

（四）手靶练习，体会动作

在熟练掌握了技术动作后，要结合手靶进行练习，让学生在有阻力的情况下提高技术动作的规范性，以及提高动作发力。

（五）条件对练，注意配合

在学生基本掌握了动作后，要求按照规定使用动作，2 人配合演练，并要互相照顾，点到为止。注意避免伤害，在进一步熟练的情况下，可进行一定程度的实战。使技术在实战中得到改进和提高。

（六）复习巩固，逐步提高

在学生练习和纠正错误动作后，再经过反复练习，并增加接近实战的各种要求，使学生逐步提高练习的速度和灵活运用技术的能力，直至基本掌握此项技术。

（七）自由实战，熟练技术

要求学生根据竞赛规则进行实战，充分发挥自身优势，利用所学技战术，争取战胜同伴，同时尽量避免受伤情况的发生。通过实战检验学生掌握实用技术的熟练程度，进一步提高学生的实战能力，以此达到教学目的。

四、拳击教学教案、进度范例

（一）拳击教学课32学时教学进度（表3－1）

表3－1 拳击教学课32学时教学进度安排

周次	课次	内容
一	1 2	初步掌握基本姿势和基本步法 复习基本姿势、基本步法、学习原地左右直拳
二	3 4	复习原地左右直拳，结合步法学习上步和后退左右直拳 复习上步和后退左右直拳，并结合手靶练习
三	5 6	初步掌握上勾拳和平勾拳 结合手靶复习上勾拳、平勾拳和直拳
四	7 8	初步掌握摆拳，结合手靶练习 复习摆拳，并结合步法学习组合拳
五	9 10	初步掌握左右侧闪，左右摇闪 理论课
六	11 12	复习侧闪及摇闪，学习闪躲反击 初步掌握拍击、迎击技术，结合闪躲进行技术对练
七	13 14	手靶、沙包练习，提高出拳速度和节奏 条件实战，提高进攻和防守反击水平
八	15 16	总复习 技术考核

（二）范例拳击教学课教案

授课周次__1__周__2__次授课对象________ 日期________

课的任务 1. 复习基本姿势和基本步法，巩固提高技术水平
2. 初步掌握左、右直拳的技术要领
3. 培养学生勤学苦练的精神

部分	时间	教学内容与分量	组织教法
开始部分	5′	一、集合整队，师生问好 二、检查人数 三、布置本次课的任务和内容 四、思想动员： 勤学苦练，吃苦耐劳才能掌握技术动作	一、组织形式： × × × × ×：学生 × × × × △：教师 △ 二、要求： 1. 集合要求快、静、齐 2. 问好声音洪亮 3. 见习生不能随意走动
准备活动	20′	一、一般准备活动 1. 头部运动 4 ×8 拍 2. 扩胸运动 4 ×8 拍 3. 振臂运动 4 ×8 拍 4. 体转运动 4 ×8 拍 5. 弓步压腿 4 ×8 拍 6. 侧压运动 4 ×8 拍 7. 膝关节 4 ×8 拍 二、行进间准备活动	一、组织形式： × × × × × × × × × × △ 二、要求：准备活动注意力集中，充分活动开各关节。行进间准备活动结合身体协调性训练 三、教法：讲解示范

续表

部分	时间	教学内容与分量	组织教法
基本部分	60′	一、复习基本姿势，步法 1. 提问基本姿势，步法的要点及易犯的错误 2. 使学生进一步掌握技术要领，巩固改进技术动作 二、学习左、右直拳单拳 任务：初步掌握左右直拳的技术要领 动作要点： 1. 左直拳由基本姿势开始，出拳的同时转胯，身体沿纵轴稍右转，通过身体的转动带动出拳，增加出拳的力量 2. 出左直拳时，右拳保持防守位置不动 3. 出拳时身体重心保持在两腿之间，身体不要上下起伏 4. 出拳路线呈直线，拳的高度与肩同高 5. 右直拳动作要领同左直拳。技术要领注意蹬地、转髋、送肩 易犯错误：出拳和转髋不一致、抬肘、出拳不走直线 三、学习原地左右直拳连击拳 动作要点：出拳是时左手直拳可以不用转髋，只强调右手直拳要蹬、转。两个拳要打在一个点上，左手直拳收回的同时，打出右手直拳 易犯错误：两拳出拳不连贯，高度不一致	一、组织形式： × × × × × × × × × × △ 二、教法：完整示范，分段示范，突出蹬转的技术环节 1. 原地练习 2. 2人1组纠正错误 3. 上步左、右直拳练习 三、要求：认真体会动作，努力改正错误动作，在熟练掌握技术动作的基础上，严格要求技术细节 一、组织形式： × × × × × × × × × × △ 1. 示范讲解，集体放松练习 2. 讲明放松的意义
结束部分	5′	一、双人相互按摩 二、意念放松 三、集合讲评 1. 表扬守纪律，练的较认真的学生 2. 总结本次课完成教学任务情况 3. 宣布下课	
见习生安排			
课后小结			

思考与练习

1. 拳击的教学原则?
2. 拳击的教学方法有哪些?
3. 拳击教学的组织与进行有哪些?
4. 简述教师的教法?
5. 请写一份拳击教学课教案?

第四章　拳击专项辅助训练方法

第一节　专项辅助训练的目的

一、有效提高专项能力

拳击专项能力是运动员的基础能力，也是技术和战术应用的基础。运动员专项能力的好坏，直接影响其训练和比赛结果。在训练中可以对运动员进行 10 秒、20 秒、30 秒快速俯卧撑、快速蹲起、快速仰卧起坐、快速打击手靶和快速沙包练习能力的训练，这样可以提高运动员短时间的专项能力，从而提高比赛短时间的进攻能力。根据 20 秒、30 秒、2 分钟、3 分钟最大强度击打沙包的次数和心率变化情况，在基础体能训练的基础上，进行有目的，有计划地专项能力训练。这些训练，一定要考虑一般力量与专项力量、能量转化与两者之间的相关性；技术与战术相互之间的协调性、合理性等。实践证明，各种分段跑练习后，再进行 20 秒若干组最大强度击打沙包练习的方法，是提高运动员专项速度耐力和专项力量等素质能力的一种有效方法。

二、可以提高运动员技、战术水平

在拳击运动中，既要具有基本技术和专项的素质，也要有较好的技术、战术水平，只有技术、战术正确，才能最大限度地发挥个人的潜力，进而取得比赛胜利。否则就不能很好地把平时经过艰苦训练得来的真正水平，反映到实际的比赛中，也就谈不上战胜对手取得胜利了。由此看来，对技、战术的训练是至关重要的问题。

一场比赛的胜负主要是以运动员得分多少来定的，而得分的多少又是裁判依据双方运动员各自击中对方有效部位来决定的，也就是要看彼此的命中率高低，实践证明，命中率是运用技术、战术的关键环节和具体表现。在进攻中命中率越高，说明技、战术及训练水平越高；防守时，失分越少，表明技、战术方法运用的比较恰当。因此，为了提高命中率，就要采取合理的、有效的进攻和防守反击的技、战术。

拳击比赛是通过抽签确定顺序及对手的，所以比赛前必须了解对手的技术特点、身体素质、意志品质，并在与之比赛的过程中进行一番试探和观察，细心注意对方的特长和弱点，当了解对手的弱点后，迅速利用假动作诱使其暴露弱点，运用自己得力的拳法进攻，并抓住机会结合连击拳快速进攻。比赛场上的情况千变万化，有时会遇到比自己技、战术强的对手，而有时也会遇到比自己弱的对手，在许多比赛中有的选手实力很强，却意外输给了比自己实力差的选手，这就说明运动员没有很好地分析场上的具体情况，没有合理地运用技、战术。因此，拳击运动员应该学会采取真真假假、虚虚实实的动作和方法，抓住时机运用最有效的技、战术，使对手处于被动地位。这种能力需要在平时的训练中逐步培养。

关于前手拳和步法的问题。前手拳是拳击技、战术中不可缺少的重要内容，是克敌制胜的法宝。前手拳的重要性表现在以下方面。

1. 前手拳是掌握距离、衡量距离的标尺。在比赛中拳击运动员可以通过前手拳的感觉，来选择近距离的进攻战术还是远距离的战术，从而随时做出适当的战术，争取赢得比赛胜利。

2. 前手拳是打乱对手进攻意识以及控制比赛节奏的武器。有些运动员由于不重视前手拳的作用，比赛中一旦遇到一个手臂较长、身材较高、防守较好的对手，用前手控制两人之间距离后，就会表现不知如何出拳、不知怎样比赛的被动局面。这样势必造成进攻意识和比赛节奏的混乱，难免会影响自身技、战术水平的发挥，影响整场比赛。

3. 前手拳应用技、战术是改变技、战术的钥匙。运动员在运用前手拳的同时，可以了解对手的力量、技术、防守等方面的情况，从而有利于自己制订合理的战术，而且也可以根据场上出现的情况，随时调整技、战术。

4. 前手拳是有效的防守方法。最初选材时。教练员都会选择一些身材较高的运动员，尤其手臂稍长的选手，因为比赛时，用前手支撑着门面可以加长对手与自己身体的距离，可以缓冲对手的有力进攻。另外，前手抬起防守可以起到防护作用。以免露出自己的防守空当，被对手利用。

5. 前手拳是争取场上主动，解除被动的砝码。比赛刚开始时，双方的体力消耗不是很大，所以防守时都很积极，但随着比赛时间的延长、激烈程度的增加，双方的体力都会下降，这时谁的前手拳高、防守好，失分就会少，相应地就会占据场上的主动；相反，前手拳难以拿起，就会暴露自己的有效部位，而被动挨打。

三、提高步法的灵活性

拳击比赛是在四周有围绳的拳台上进行的，活动范围有限。因此，运动员要充分利用灵活脚步移动，使自己在拳台所处的位置始终有利于自己技术和战术水平的发挥，如果运动员的步法灵活，即使所处于的位置于绳角不利的地方，也能灵活快速地移动开，避开对方的进攻。所以，拳击运动员必须提高步法的灵活性，争取占据场上的主动。

四、提高摆拳技术的进攻能力

摆拳是拳击运动中主要技术之一，是运动员争取主动、战胜对手、取得比赛胜利的重要手段。但是在比赛中运动员运用摆拳时存在许多不合理的现象，突出的问题是犯规动作太多，运用摆拳时经常错误地做出开掌击打动作，经常在运用此技术动作时出现头前冲和重心不稳的现象，这些规则上是不允许，容易被判失分，这样一来起着重要作用的摆拳技术就失去了它的威力。要想比较理想地运用摆拳，就要在前手拳的掩护下，或者在防守反击的过程中运用此技术。绝不能在进攻刚一开始或没有任何掩护的情况下，就采用摆拳这种战术打法。由于摆拳容易使人想到开掌这个犯规技术，所以要在平时训练时，认真、细致地加以研究，要使摆拳技术运用的合理、规范，以免出现评判中不必要的麻烦。

第二节　常用专项辅助训练方法

一、空击训练法

空击是拳击训练中最常用的一种专项训练方法。它是运动员在不配戴任何护具，独自或两人一组进行徒手练习拳击技术的一种训练方法，无论是拳击新手还是高水平拳击运动员，空击训练都是一种必不可少的训练手段。在训练中运动员假想自己对面站着一个对手，进行进攻和防守反击的训练，来提高出拳的速度、组合拳的运用能力以及出拳和步法的协调配合能力。空击出拳的动作规律和动作路线是不固定的，没有一套完整的规定动作，练习时根据自己的意念和想法自由发挥，假想在同对手进行一场比赛。空击训练法是有效提高运动员技术水平和身体协调性的手段，既可作为大运动量的训练项目，也可作为调节体力的训练项目。

（一）面对镜子空击训练

在掌握了拳击的基本拳法和步法后，就要提高运动员的组合拳能力以及出拳与步法的协调配合能力，而空击训练法正是发展拳击运动员这些能力的最好方法。在空击时对着镜子练习，不仅可以检查自己拳法是否正确，而且还可以纠正各种拳法的动作路线，协调身体动作和发力。在熟练基本拳法后，就可以提高运动员连击拳的能力以及结合进攻、防守来提高二次进攻和防守反击的能力。

对着镜子练习空击，对初学拳击的运动员来说，是最好的模拟练习手段。在拳击训练中镜子是最重要的训练工具之一，它主要是用来学习和改进基本技术，熟练各种进攻与防守技巧。运动员对着镜子可以观察自己的一举一动，及时纠正错误动作，就像有教练员在自己身边一样。另外，镜子还可以让拳击运动员变得细心和机警。空击联系的时间要结合正式比赛每回合的时间，如 3 分钟一个回合，回合之间休息 1 分钟，结合正式比赛的时间。

（二）空击是提高战术意识的有效方法

空击训练除了改进拳法以外，还可以提高运动员的战术意识。这就要求运动员在空击训练时要带着战术思想进行训练，运用战术进攻与防守，把虚实、真假结合起来，把声东击西、防守反击、迎击等结合起来，有战术目的地结合攻防进行训练。这种训练动作要逼真，以促进运动员的思维活动，加强其战术意识。这种训练方法是以运动员在假想对手的情况下进行的，对运动员不会造成心理压力从而影响技术的发挥。运动员在空击时可以不用担心有对手的反击，这样就可以完全发挥自己的技战术水平，熟练技术动作，提高战术意识。

（三）空击训练的要点

拳击运动在进行空击训练时容易出现毫无目的、无战术、出拳无速度的现象，随意松懈地进行练习，达不到提高体力和耐力、技术和战术的要求，同时也达不到增强思维活动和战术意识的要求。因此。拳击运动员在进行空击训练时，要有目的地结合战术意识的要求进行训练。拳击空击训练的要点如下。

1. 在空击时要注意技术动作的规范和出拳的速度。特别是要重视空击中的连击拳，往往有些拳击运动员在练习连击拳时，第二拳或者第三拳出拳不到位，步法跟不上，或打出第二拳时容易失去重心，控制不住身体平衡。因此，在进行空击训练时要把重点放在连击拳上，第二拳要及时跟着第一拳打出去，动作到位。同时还要保持身体重心的平衡，使身体重心始终在两腿之间，只有重心不失去平衡，第二拳、第三拳才能迅速、有力。

2. 出拳时上肢肌肉紧张，动作到位。空击训练是运动员徒手进行的运动，所以训练时运动员容易出拳太过放松以及动作不到位，在手臂还没有完全伸直以前就收回去了。因此，在进行空击训练时不论打出何种拳法，要求运动员思想上要像实战一样，出拳有爆发力，动作到位。

3. 空击训练要结合步法。拳击运动是双方运动员在移动中相互进攻的，如果出拳不结合步法的移动就很难击中对方。所以，在空击训练时一定要结合步法的移动，做到有进有退，根据自己的意图不断出拳和移动。同时，步法的移动要有目的地进行，随着拳法的进攻和防守而移动，步法移动轻巧，拳法和步法要协调一致。

4. 在空击训练中培养时间感。现在拳击比赛每个回合 3 分钟，优秀的拳击运动员在 3 分钟激烈比赛中，能清楚地知道这个回合中时间的消逝以及还剩多少时间。通过这方面可以掌握时间的主动权，控制体力的分配，在回合的最后阶段发起猛攻，进而夺取比赛的胜利。

5. 在空击训练中提高身体的协调能力。拳击出拳的发力需要身体的协调配合，这样才能发挥自身的最大力量，只依靠手臂力量出拳时不能打出自己的最大力量的。所以，在空击训练时，要使自己全身有关肌肉群交替地出于紧张与松弛状态，协调配合步法、拳法以及身体的转动，发挥各自的作用。如果拳击运动员在比赛中全身肌肉群始终处于紧张状态，就无法坚持全程的比赛，容易导致机体过早疲劳。只有在适当时机使全身肌肉有张有弛，才能在整场比赛中保持充沛的体力。

二、跳绳训练法

跳绳训练同样是拳击训练中最常用的一种专项训练方法，是拳击运动员必须具备的能力。跳绳可以应用在准备活动和专项训练中，它是一种很好的体育锻炼项目，可以提高全身的协调性、灵活性和步法移动的能力。它可发展拳击运动员下肢力量、身体协调能力、步法移动能力等，因此，是拳击运动员训练的重要内容。

（一）拳击训练跳绳的种类

1. 并足跳

并足跳是专业拳击运动员在跳绳训练初期采用的一种方法。跳绳时两足并拢，上身含胸收腹，收下颌，目视前方。双手握住绳端置于身体两侧，用手腕摇动绳子，每摇一次，两足同时跳起，离地约 5 厘米，不要太高。两足落地时用前脚掌着地，足跟平浮在地面上。

2. 高台腿跳

高抬腿跳与原地做高抬腿动作相似。跳绳时，低头收下颌，目视前方，一腿支撑，一腿抬起，身体重心落在支撑腿上。当绳越过抬起腿的那一足后，就用前脚掌踏地，另一支撑腿迅速抬起。每摇一次绳，一腿抬起，一腿支撑，两脚交替进行。跳绳时掌握好抬腿的节奏和时机，让绳顺利通过两脚。

3. 拳击滑步跳

滑步跳绳是以拳击基本姿势战力跳绳的一种方式，跳绳时以拳击前滑步、后滑步、左滑步和右滑步移动，不同的是移动两脚同时跳起，同时落地。跳绳时要保持身体重心始终在两腿之间，以免造成重心不稳。移动时的要求同滑步的要求，用脚的前脚掌蹬地的推动身体向前后左右移动。

4. 双摇跳

双摇跳与并足跳绳的要求类似，只是双摇跳起的高度要比并足跳得高，跳起时绳子在足下过 2 次。双脚落地时，前脚掌先着地，同时两膝微屈以缓冲身体的重力。这种跳法对增强运动员的身体素质有良好的效果。

5. 放松跳

放松跳是两脚交替慢速跳，这种跳法不要求速度，以放松为主。主要运用在加速跳的中间休息和训练结束后的放松中。

6. 两脚轮换跳

两脚轮换是在跳绳时，一只脚支撑，另外一只脚微抬起。每只支撑脚跳 2 次，两脚交替进行，这种方式可以在一只脚跳的同时，另一只脚得到休息，从而提高拳击运动员的腿部力量和耐力。

（二）跳绳训练注意事项

跳绳训练不论采取哪种方式，都不能全脚掌着地。，必须用两脚的前脚掌着地，以缓冲身体落地时的重力和提高弹性。全脚掌着地不但动作不灵活，还会因震动使头皮发胀，影响训练。拳击跳绳训练的时间最好与拳击比赛回合的时间相同，即 3 分钟一个回合，中间休息 1 分钟。3 分钟跳绳训练要时快时慢或以最快速度跳，这样才能接近一回合比赛的强度。跳绳作为耐力训练时，要放在一堂训练课的最后进行。

三、沙袋训练法

沙袋，是拳击训练中必不可少的训练器材之一。通过沙袋训练可以提高拳击运动员的体力、耐力、出拳速度、节奏感、协调性以及出拳力量，是拳击运动员最忠实最理想的训练伙伴。沙袋是外用皮革或帆布，内袋有沙子或碎布片等填充物制作而成的训练器材。从重量方面区分，可分为轻型、中型和重型沙袋。

我们知道，人体的骨骼、肌肉、皮肤，不是生来就是坚硬耐打的，而是通过我们不断地训练来提高其硬度等素质。打沙袋就是一种比较好的训练方法。在拳击运动中，如果拳头、身体不够结实，那么自身的抗击打能力就很差，很难承受对方的打击。当然，自己也打不出有力的拳来。通过沙袋练习，可以让拳击运动员坚强起来，使拳头具有一定承受能力的同时，还提高了身体的协调性和耐力水平。

（一）击打沙袋的距离

击打沙袋的距离可以分为远距离、中距离和近距离 3 种。远距离主要是练习直拳和摆拳的击打，而中、近距离主要是练习上勾拳、平勾拳的击打。在沙袋训练中要不停地变换与沙包之间的距离，当沙袋靠近自己时就利用勾拳和摆拳进行近距离击打，但沙包远离自己时就用左右直拳进行远距离击打，在移动中练习不同的拳法组合，可以在短时间内提高运动员动作的准确性、灵活性和速度等。在沙袋练习时要注意步法与出拳的协调统一，利用身体的转动来增加出拳的力量。

（二）出拳的节奏

在沙袋训练时，特别要注意出拳的节奏和速度，结合不同的组合拳，运用不同的发力来不断改变出拳的节奏，不要总是重复一个节奏出拳。注意出拳的发力，不需要每一拳都发力，也不要每一拳都不发力，根据出拳的节奏控制出拳的力量，可以在组合拳中最后一拳发力，也可以单独练习单拳的发力。这样才能结合实战提高组合拳能力和出拳速度以及力量。同时，在练习中还要注意距离同节奏的关系。

（三）提高技术动作规范

通过沙袋练习，可以纠正技术动作以及改进技术。在训练时依照动作要领，借助沙袋反复练习，一般 3 分钟一组。运动员在具备正确技术定型的基础上，可以借助沙袋提高技术水平。在沙包训练时将沙袋假设为对手，做 3 分钟一组、间隔 30 秒或 1 分钟的模拟训练，可让助手在旁持计时器协同完成。

打沙袋和进行空击训练一样，不同的只是将拳头打在假想对手身上。在打沙袋时，要注意发挥自己在训练中学到的所有技巧，去控制沙袋，而不要让沙袋晃动。所以，在击打沙包时要注意动作的发力，不要有推沙包的力量，要结合身体的转动以爆发力击打沙包，在拳头击打沙包后迅速收回。

四、梨形球训练法

练习梨形球是提高身体素质和出拳速度的有效方法之一。拳击运动员通过梨形球训练可以提高肌肉的弹性、身体灵敏性、准确性、目测能力和大脑的反应能力。充气梨形球训练法，主要是利用梨形球撞击悬挂平台的节奏，来培养拳击运动员的出拳速度和动作的节奏感。梨形球是悬挂在专门的平台上，练习时，出拳击打在梨形球的中间部分。要保持准确的击打姿势，按照一定的节奏进行击打。通过训练可以增强手臂和肩部力量，并且能练习眼和手的协调性，是拳击运动员掌握迅速而准确、果断而敏捷出拳的主要辅助训练器材，对提高拳击运动员的肩、肘、腕等各关节的灵活性和耐力有良好的作用。

练习梨形球的高度要根据练习者的身高和击球点来定。开始学习各种击打方法时，速度要慢而准确，形成一个正确的姿势。练习时，可戴沙袋手套，也可不戴手套。在打梨形球时需要选择一个宽敞的地方，能够自由自在地运动是基本前提。击打梨形球的初级阶段可以用单拳击打，等熟练掌握击球的技巧后再两手交换击打。击打时要从拳击的基本姿势开始，两肘自然下垂，双手握拳，左拳大约与下颌同高，右拳至于右下颌处。站在离梨形球 70 厘米左右的地方，让梨形球的摆动与鼻子同高，用左手拳击打梨形球的中心部，在不失去平衡的情况下，用力击打，判断距离要准确。击打后迅速收回左拳还原基本姿势。如果击空了就闪躲，这种闪躲也能帮助练习防守。当球向前第三次碰板回到 45 度角时，左拳再次击球。

在掌握了单击技术后，可采用连续地轻击梨形球练习，它能使球迅速反弹并产生一个连续而有节奏的声音。为了获得预期的效果，应该用脆而快、准确的方式进行击打，同时力量上尽可能均匀一致。这种击打的主要价值是鼓励并要求两手交替进行。这种连续轻击能培养拳击运动员的身体协调性。此外，还可以提高拳击运动员的出拳速度，培养他在比赛场上保持冷静的头脑。在练习梨形球时，要时刻注意身体重心平衡。

一名优秀拳击运动员需要具有良好的判断距离的能力。然而，拳击初学者不具备良好判断距离的能力。在击球中，判断距离是为了击球的准确性，准确的估计距离并精确预测摆动的方向或击打球的方位，需要有敏锐的眼力和快速反应的头脑。当球弹到你想击打的位置，用大脑判断距离，测量拳达到位置的长度，决定在击打时是否上步，然后快速出拳击打目标，并保持身体平衡。身体平衡和判断能力是相辅相成的，每一项都依靠另一项的协调配合，判断距离的目的，是使你在一瞬间击中目标，并使所有有关的因素都起作用，如身体的冲力，臂的摇摆、拳的最后发力和另一手臂的防御，这些动作都要同时进行。判断距离既用在进攻时又用在防守时，以准确判断球的摆动和它的变化路线，并在拳击的实践中预测对手在各种变化的条件下达到的距离等等。

五、手靶训练法

手靶训练法是拳击运动中重要的专项训练手段，它不仅能够提高运动员的拳击技术和战术水平，而且还可以提高直、摆、勾拳的击打正确性、出拳速度、反应速度和维持身体重心平衡能力，以及提高人体的协调性。

打手靶，为了提高运动员出拳的准确性和培养其敏捷的反应能力，训练中拿靶的一方运动员应当有计划的支靶，进行一些固定拳法的练习，也可以随意支配来提高运动员的反应能力。运动员在支靶过程中要让打靶的运动员不停地移动，并且不停地移动手靶的位置，让运动员在不同的方向、不同的距离击打手靶。这对培养运动员在实践中发现对手空当，并能及时进攻是十分重要的。

（一）手靶训练的三种方式

拳击手靶训练有固定手靶、活动手靶和实战手靶 3 种。

1. 固定手靶练习

固定手靶的练习方法是拳击训练初级阶段，运动员掌握基本拳法的训练手段，这种方法要求支靶者支出的靶距固定不变，让练习者保持拳击基本姿势，配合滑步对准手靶靶心，固定一种或两种拳法进行击打。此种方法的主要功能是使练习者有充分的时间来考虑步法与拳法的配合和准确判断出拳距离，达到熟练出拳的目的。

2. 活动手靶训练

运动员能够熟练、快速击打固定靶后，就可进行活动手靶的训练了。与固定手靶训练相比，活动手靶提高了练习的难度。这种训练要求支靶者手靶忽扬忽掩，忽近忽远，忽左忽右，不断变换靶位和靶距。练习者保持拳击基本姿势，随着手靶位置和距离的变换，灵活调整自已的步法与拳距，准确地击打手靶的靶心。此种训练方法主要是提高运动员出拳的速度、反应速度和准确的拳距感。活动手靶练习要做到判断准确，出拳迅速有力，并且要保持身体身心的平衡。

3. 实战手靶训练

实战手靶训练是支靶者同练习者进行的类似实战的训练。在训练过程中支靶者结合进攻防守意识，在运动员击打完手靶后对运动员进行防守能力的训练，让击打手靶的运动员在进攻完以后在进攻防守练习或者结合防守反击练习。训练的主要目的是结合实战意识提高拳击运动员的进攻能力和应变能力。实战手靶训练不是练习者与支靶运动员进行的实战训练，而是针对支靶者支出的手靶结合进攻、防守反击的意识进行击打。

（二）手靶训练原则

练习击打手靶的一般原则是由慢到快，由固定靶位到活动靶位，由活动靶位到实战靶位的顺序原则。靶位距离由近距至中距、由中距至远距，靶位距离不断交替变换，逐渐增加难度，以提高运动员的技术水平和身体协调性。

1. 支靶由慢到快

最初确定的靶停留时间为 1 秒，随后随着训练水平的提高，逐渐缩短停留时间，比如 1/2 秒、1/3 秒，以便提高出拳的速度和反应速度。如果是连击拳击打手靶，靶停留时间可适当延长。

2. 由固定靶位到活动靶位

先训练固定靶位，随着基本技术的完善和技术水平的提高，逐渐过渡到活动靶位，支出的活动靶位要使练习者不易捉摸到。同样，支出靶停留的时间也要由长到短，以提高练习者的练习反应速度和判断能力。

3. 靶距由近到远

手靶训练要先从训练者直拳容易击倒的距离开始，然后逐渐增加难度，由近、中、远 3 种拳距交替变换，以锻炼练习者的出击距离感和上步出拳的能力。

4. 支空靶

拳击运动员在熟练地掌握技术后，支靶运动员在支靶时就可以虚实结合进行。例如：在击靶过程中，支靶运动员将支出的手靶突然收回，让打靶的运动员击空，以检验打靶运动员的身体重心是否平稳，提高拳击运动员保持身体重心平衡能力。

5. 掌握要点提高手靶训练水平

手靶训练可以提高拳击运动员出拳距离感和准确判断距离的能力，在掌握原地打靶之后就需要结合步伐的移动进行手靶训练。运动员在打手靶过程中，两拳要始终抱好拳击准备姿势，时刻保护好自己，避免暴露出空当，要时刻根据支靶运动员的提醒，保持好拳击的基本姿势。支靶运动员可用手靶击打运动员的空当处，以提醒运动员抱好基本姿势，避免防守空当。支靶运动员在支手靶时，手臂肌肉要放松，肘关节弯曲自然下垂，只在受击的一瞬间保持一定的紧张度。这样不仅可以避免腕关节和肘关节过早产生疲劳，而且能够缓冲打手靶的冲力。实战手靶的练习时，3

分钟为 1 个回合，击打 3 个回合，回合中间休息 1 分钟。

六、墙靶训练法

墙靶训练是把类似于手靶的器材固定在墙上或者支架上进行击打，通过墙靶训练不仅可以纠正拳击运动员的技术动作，体会动作的发力以及增加出拳的力量，而且，还可以锻炼运动员的身体协调性。墙靶练习的显著特点是可以培养运动员正确的技术定型，使他们可以像击打沙袋那样，练习原地击打墙靶和移动击打墙靶。墙靶不同于沙包，墙靶是固定在墙上的，不会向沙包一样活动，所以在训练时运动员能更好地专注于击打的距离，以及体会动作的发力。击打时可以单手击打也可以连击拳击打，可以借助于墙靶反复练习出拳的动作距离、节奏等。练习时要特别注意出拳结合步法的移动和左右手的配合进行击打。

七、路　训

路训可以用来调节室内训练，提高运动员的训练兴趣。路训最好的方式是在野外的大自然环境中进行，要使运动员感到新鲜和兴奋，从而提高训练的积极性。路训的练习内容包括长跑、跳步、柔韧性关节操、空击、力量练习等。各种练习可以交替进行，每组 3 分钟，中间休息 1 分钟，每组练习动作有快有慢交替进行。每次路训时间为 120 分钟左右。在非比赛期，可以每隔 2 周训练 1 次。

思考与练习

1. 如何提高步法的灵活性？
2. 为什么要面对镜子空击训练？
3. 跳绳训练可以提高哪些方面？
4. 拿手靶人重要吗？说明理由。
5. 你喜欢路训吗？说明理由。
6. 如何进行梨球训练？
7. 沙袋的训练和打法。

第五章　拳击科学研究工作

第一节　拳击科研概述

拳击运动的科学研究是研究者有计划、有目的、有系统地通过各种研究方法去认识和探索拳击教学、训练和比赛等各种实践活动的规律而进行的一种认识活动，也是促进拳击运动发展的一种科学的认识手段。

由于拳击运动在我国开展得较晚，在拳击教学训练的理论和实践中还存在许多矛盾没有解决，诸如技战术与运动素质之间的关系，训练方法的系统化、科学化、科学选材等问题都需要科学研究才能得到进一步解决。在强手如林的世界拳击比赛中，我国想跻身于世界强队之列，只有依靠科学研究不断认识规律，减少拳击训练的盲目性，缩减运动员成材的周期，走科学化训练的道路，才能尽快实现攀登世界高峰的宏伟目标；另一方面通过科学研究，也使得研究者丰富和扩大了自己的知识领域，提高了分析问题和解决问题的能力，这对今后的科研工作也会产生积极影响。

一、对拳击科研工作的基本要求

1. 要运用辩证唯物主义和历史唯物主义观点观察问题、分析问题、使研究工作沿着正确方向进行。

2. 要大胆创新科学的理论与方法研究问题。人类的认识是不断发展、深化的，科研工作者必须在前人研究的基础上，敢于提出新问题。解决新问题。

3. 要有严肃的科学态度。科学研究工作者必须有理论联系实际，实事求是的态度和一丝不苟、精益求精的态度。

4. 要有顽强拼搏的精神。科学研究是艰难崎岖的道路，科学工作者要有战胜困难的决心与信心，要有遇到困难不服输的精神。

二、拳击科研的主要内容

随着现代科学技术的发展，使得拳击科学研究能够综合运用多种学科知识和先进技术手段，从而使拳击的研究工作更加深入广泛。拳击科学研究包括普及与提高2个方面。其主要内容有：研究拳击发展史，发展趋势；研究如何通过拳击练习增强体质；研究如何提高拳击的运动技术水平。

具体研究问题举例如下。

1. 拳击运动员的选材。
2. 拳击步法在比赛中的重要性。
3. 同一级别中不同身高运动员的战术打法。
4. 我国拳击运动水平提高的有效途径。
5. 中外拳击选手的横向比较。
6. 拳击最佳技术组合。
7. 拳击裁判法。
8. 奥运会拳击后备人才培养质量和效益研究。
9. 我国拳击教练员现状调查及发展研究。
10. 同性别、年龄、等级拳击运动员技术训练、身体训练、心理训练的内容和方法。
11. 进学科（如控制论、生物力学、肌电、电子计算机等）在拳击运动训练中的运用。
12. 合基础理论学科（如社会学、哲学、教育学等）对拳击历史及发展趋势的研究。
13. 育院系拳击教学、训练的基本规律和特点的研究。
14. 拳击运动增强体质方面的研究。
15. 击运动员训练计划（包括多年、全年、阶段、周、课时计划）的研究。
16. 击运动员损伤防治和伤后训练的研究。
17. 体重、膳食营养及恢复措施等问题的研究。
18. 击场地器材和教具的研制。
19. 击科研仪器的研制。
20. 击技术的指标量化研究。

第二节　拳击科研的方法

拳击常用的科研方法一般可分为 4 类：调查法、实验法、逻辑法、数理统计法。在选择研究方法时，可根据论文的要求灵活运用，以达到研究的目的。

一、实验研究法

是根据研究的目的、任务，人为地制造或改变某些客观条件，控制或模拟某些自然过程，并利用各种必要的仪器和设备，使人们能在更有利的条件下对事物进行观测的研究方法。实验法在实施中也要进行观察，但是它不同于单纯的观察，它能够通过实验来验证某一新的教学、训练手段和方法的正确程度，或者通过实验来探索新的规律，科学的分析某些现象，找出其根源，以及通过实验获得新的事实，去证实或否定以前实验的结果。

（一）实验的程序

1. 准备阶段

理论准备：通过查阅有关文献资料对所研究的事物进行分析，使实验在正确的理论指导下进行。与有关人员商定实验的时间、计划程序及步骤等。

实验方案的制订：实验方案是实验的具体实施办法，包括实验内容、步骤和具体方法、指标及要求。实验器材的准备，包括教学训练实验中需要的场地及布置。对有关指标进行初测，对实验对象进行必要的筛选和组织，使实验组与对照组的条件基本一致。控制实验条件的有关措施。实验人员的组织分工和培训。

2. 实施实验方案，进行实验工作

为判断实验设计是否合理，仪器是否准确，在实验前要进行规模比较小、周期较短的预实验，经过预实验证实验设计可行，才能进行正式实验。

3. 对实验结果进行处理

对实验获得的数据要做统计学处理，通过分析、归纳、综合、比较找出事物的本质或规律。

（二）实验设计

实验设计就是对整个实验工作中的各个步骤和方面进行通盘的、周密的、具体

的考虑，并制订出实验计划，使实验过程能有计划的进行。

1. 设计实验方案的基本原则

尽量固定条件，纯化实验因素。实验中固定其他条件，变化实验因素，观察和验证不同的实验因素的效果，一般每一个施加因素都需要一个单独的实验组。

对照组除了施加因素外，其他条件均已实验组基本一致，主要包括：实验组对象与对照组对象基本条件一致；实验条件一致；实验操作过程一致；实验时间一致；实验组与对照组样本例数尽量相同。

重复性原则：使所设计的实验方案，在别人使用或自己重做时都能再现同一结果。这样的结论比较准确可靠。

随机性原则：设计实验方案时，实验对象必须坚持随机抽样原则，不能认为地挑选。

2. 实验对象的基本要求

实验组与对照组受试对象之间的基础条件应一致。实验前应对实验组与对照组受试对象进行各种基础水平的测试和调整，使二者在年龄、健康状况、身体素质、技术水平等与实验有关的各项基础条件相一致。

实施对象的样本含量：样本大小，要根据研究目的需要，指标的性质、误差的大小及受试对象对施加因素客观反映的强弱而定。一般来说，样本数和实验次数应满足统计学的要求。

实验法的组织形式：实验有 3 种基本组织形式，即单组实验、等组实验和循环实验。

单组实验：也称自身对照实验，即同一个实验组，在不同的时间内，采用不同的实验因素，然后对不同的 实验因素的实验结果进行对比、分析之后，对不同的实验因素的效应做出正确的评价。这是自己与自己比较，今年和去年比较，某一阶段和另一阶段比较，实验前与实验结束时比较。

等组实验：把实验对象分成条件相等的两个或两个以上的组，一个为对照组，其他为实验组。各组分别采用不同的实验因素进行实验，然后把各组的实验结果进行对比、分析，最后评定新实验因素的效果，采用此方法时，除处理因素外，各组其他条件必须相等，否则实验效果的可靠程度就会受到影响。

循环实验：又称交叉实验、轮组实验。将实验对象分成若干人数相等的组，在把各种处理因素轮换施行于各组，然后根据每种处理因素所产生的反应的总和来比较实验的结果。

二、调查法

调查法即通过调查的方式了解情况，包括会谈、询问、填表、观察统计及文献资料的收集等方法。

（一）文献资料法

这种方法主要是通过查阅与研究题目有关的文献资料、电影、图片等把所收集的各种资料来源进行考核、分析整理。运用分类比较、分析综合、归纳演绎等方法进行逻辑推理，阐明要研究的问题，提出自己的观点和看法。文献资料按其形态可分为文字资料、声像资料包括电影、照片、录音、录像等。

广泛地阅读有关文献资料，能够全面深入地了解国内外研究的现状和趋势，了解前人成功经验和失败教训。学习前人好的观点和方法，帮助研究者开阔视野，少走弯路，使研究工作在前人的基础上再进一步。积累体育文献资料最常用的方法有：文献笔记、资料卡片、简报和撰写文献综述等。

查阅文献资料的工作一般要按照下列次序进行：列出所需收集资料的纲目、寻找资料来源、借阅资料、摘取资料、整理资料。

1. 列出所需收集资料的纲目

收集资料之前，要根据研究的目的、任务和方法，先确定一个收集资料的纲目，较具体地列出所收集各个方面的内容，然后依照这份纲目的要求去查阅资料。

2. 寻找资料来源

大量的资料可在图书馆的目录卡上查到，有些比较特殊的资料，可向有关单位或人员请求帮助。

3. 借阅资料

查到资料的出处后，即可向图书馆或阅览室借阅所需的资料，阅读资料时，要注意推敲资料的可靠性，涉及作者引用他人的材料时，尽可能找原文校队，涉及统计数据或实验结果时，要同时搞清楚作者的概念与标准、对象与方面、条件等，以便今后引用对照。

4. 摘取资料

把研究所需的资料摘录在资料卡或笔记本上。

5. 整理资料

对所收集的资料要及时加以分类整理。一般可按资料的内容、研究课题中有关的各个专题（或问题）或按年代顺序来进行分类的编辑整理。收集资料应注意的几点。

（1）有目的、有计划、有系统地阅读。

（2）把精读、粗读以及翻阅标题、图表和结论的、有重点的读有机结合起来。

（3）把阅读和写、剪、拍、录结合起来。

（4）记清资料来源（篇目、作者、资料名称、期数、日期、日期、编印单位等）。

（5）利用各种专门寻找文献的工具书，如索引、书目、目录、文献杂志等。

（二）询问法

询问法一般采用访问、座谈等方式进行。访问是主要通过进行有目的的谈话来寻求资料的一种方法。座谈则多是开座谈会，这种方法即节省时间又能广泛听到意见，无论访问还是座谈都要口问手写，将对方回答的问题作详细的记录。采用询问法时应注意如下事项。

1. 请来参加座谈的人，必须是对议题有关情况十分熟悉的人。

2. 每次会议的人数不宜太多，3～8 人为宜，且要有代表性。

3. 在面谈或座谈调查时，对于困窘性问题，可采用间接提问法或卡片整理法来进行。

4. 座谈、访问应先将提纲范围交给被采访者。

5. 座谈、访问时要认真记录，对所有被采访者提出的问题要统一。

（三）观察统计法

观察统计法是在自然状态的条件下，观察者按照预定计划有目的、有系统地进行实地观察。其特点是观察者不参加被研究对象的活动，不改变研究对象的活动进程。

在拳击科学研究中，观察统计法运用是很普遍的，因为拳击教学、训练和运动竞赛都有其直观性，很适合用观察法加以研究。科学观察可分为定性、定量观察 2 大类。定性观察是指为获得关于观察对象的质的特征而采用的观察方法。如观察某个运动员技战术的特征、身体形态等。纯感官观察基本上都是定性的，而定量观察是指关于观察对象的量的规定性而采用的观察方法。这种观察最终要对客观的某些特征做出数量上的论述。定量观察大都是借助观察工具进行。为了准确而迅速地将观察中所得到的信息收集起来，在拳击观察中经常要预先设计各种现场记录的方法，即用表格或专门的符号等记录下来。

1. 观察统计时应注意

（1）明确观察的目的、任务，确定观察的内容和对象。

（2）充分利用各种记录工具，主要指各种摄影、摄像、录音等各种具有记录功能的技术。

（3）观察中尽量不要更换操作者和仪器。

（4）记录材料要有一定的数量和重复次数。

2. 拳击观察统计的内容

（1）比赛时（或平时训练）运动员技术存在的问题。

（2）运动员的赛前训练及赛前准备活动。

（3）拳击的教学步骤和教学方法。

（4）拳击教学法的运用、教学效果调查。

（5）拳击普修课的内容、进度、运动量的统计。

（6）拳击比赛战术及成功率的统计。

（7）拳击教练员的临场指导工作及运动员的心理准备。

（8）训练计划、训练日记、训练手段、训练方法的采用。

（9）运动量诸因素：强度、组数、次数、密度、时间等。

3. 拳击统计测量与测验的内容

（1）人体测量：测量身高、坐高、四肢及躯干长度及围径，X 光射线测定骨结构、骨龄。

（2）机能测验：测各种生理、生化指标，如心率、血压、肺活量、呼吸差、尿蛋白、血红蛋白、肌电测定等。

（3）素质测验：短距离冲刺跑、纵跳、柔韧、专项力量等。

（4）心理测试：利用填表或仪器进行测验。

4. 观察统计注意的问题

（1）注意力集中，防止主观臆断。

（2）尽量避免技术偏差，测验方法及测验时机要得当。

（3）观察前要进行预习，包括临场统计以及统计数字的登记、计算、求平均值、求相关系数等。

（四）问卷调查法

1. 问卷调查法的性质

问卷调查法是通过书面形式让被调查者填写问卷表来搜集资料的研究方法。问卷调查适宜用在调查面较大，而问题又比较简单的调查内容。为了使问卷调查的结果更科学、更符合研究者的设计要求，在正式使用问卷表进行（大样本）调查之前，要对问卷表进行小范围的试用，通过试用检验其结构效度、内容效度和信度。

2. 制定问卷表的步骤

（1）确定问卷的主题，结合研究目的阅读有关资料。

（2）列出问卷的标题和纲要。

（3）选择问卷的方式（要考虑问卷表的时间、对象、经费、结果、统计分析方法等）。

（4）编写具体的问卷题目，并根据它们的关联程度排好顺序，制定问卷初稿。

（5）通过试行对问卷初稿进行效度、信度检验，并进行修改。

（6）问卷定稿，寄发或分发问卷表，开始正式的问卷调查。

3. 采用问卷调查时的注意事项

（1）问卷的开头必须语言亲切，最先几条问句要简易。

（2）问句要紧紧围绕调查主题，不必要的问题尽量不要列入。

（3）不要用不容易理解的、模棱两可的问句，有时要避免使用专业术语。

（4）所问的句子要尽可能得到客观的答案，问题以具体为好。

（5）避免采用损伤被调查者自尊心的问句，若非问不可则应注意语气，并把这类问句放在问卷表的最后部分。

（6）问卷以短为假，能在 15 ~ 20 分钟内填完最好。

（7）在进行问卷调查前争取征得有关领导的同意和支持，能提高问卷的回收率。

（五）拳击科研中常运用的其他调查法

1. 现场调查

直接到教室、训练场或比赛的现场针对某一课题去观察、访问、记录、统计等这是实验中运用最多的一种方法。

2. 瞻前调查

预先设立施加某种因素与未施加某种因素的研究对象，在一定时间内观察他们的效应，最后对不同的结果比较分析，对施加因素的作用适当说明。

3. 回顾性调查

从已有的结果出发，追溯其发展、成长途径等所存在的种种原因，从中探索出某些规律性认识。

4. 追踪调查

是对观察对象做长时间（几年或几十年）追踪考查，掌握对象各方面发展情况，以期对问题得出带有规律性的认识。

5. 专家调查

主要依靠专家做出定性分析，再将定性分析转换为定量估价的方法。

三、逻辑法

主要通过分类比较、分析综合、归纳演绎等进行逻推理。

（一）类比法

类比法是将一种对象的有关知识和研究结论运用到另一对象的研究中去的方法，即由此及彼、触类旁通的过程和方法，由于我国拳击科研其他项目的研究落后，参阅其他项目的研究成果对拳击科研会有很大启发。

（二）归纳法

归纳法是从个别事物中概括出一般原理的思维方法和推理形式，是从特殊到一般的推理方法。如观察某优秀拳击运动员的技术有某一特点，另一优秀拳击运动员也有这一特点，从而断定大多数拳击运动员都具有这一特点。

（三）演绎法

演绎法与归纳法相反，是由一般到特殊的推理方法，把已知的结论运用到未知的研究中去。如一个优秀拳击运动员的成功经验运用到其他运动员的训练中去。

（四）分析法和比较法

分析法和比较法是对感性材料进行抽象思维的基本方法。

1. 分析法是把研究对象或事物的整体分解为部分，把复杂的事物分解为简单的要素，并分别加以研究的方法。如拳击中一个动作可分为开始姿势、身法、步法、接触部位、击打方向、结束姿势等部分，分别进行研究。

2. 综合法是把研究对象或事物的各个部分、方面和因素统一起来作为整体进行考虑的方法，如对一次拳击比赛经过观察，取得了统计材料之后，先要进行分析，分析是多方面的。从技术角度看：进攻技术如何？防守技术如何？从别队看：各个队的技术特点是什么？然后综合比较，得出结论：技术是否发展？哪些队的技术全面？哪些队员的技术较好？其特点是什么等等。

四、数理统计法

数理统计法是指应用概率论的结果，通过样本来了解和判断总体的统计特性的方法。实践证明，它不仅是整理和分析资料的有效工具，主要的还是从中能得出定量分析的结论。如在探讨拳击专项身体素质对提高拳击技术的影响时，可通过相关与回归分析看出专项身体素质与拳击技术之间是否有内在联系。在运用数理统计时，要通过数学的运算、推导，因此它要求数学运算过程严密、数字处理准确。

第三节　拳击科研的步骤

拳击科研的步骤，一般分为 3 个阶段：准备阶段：选题，提出假说，确定研究范围及研究方法，制订研究工作计划。研究实施阶段：收集资料，整理材料，分析材料，实施计划，整理材料，撰写论文及论文摘要，准备论文报告用的图表等，试讲论文摘要。结束阶段：论文报告，答辩及评定，修改论文，上交论文，成果的发表、评赛、应用和存档。

一、选择科研题目

（一）选题原则

1. 实用性：根据拳击理论发展和教学训练实际的需要选题。

2. 创新性：从前人未进行研究的内容中或已有人研究，但结论不完全，甚至有错误的内容中选题。

3. 科学性：选题要有现实和理论基础，理论研究要有事实基础，应用研究要有理论依据。

4. 可行性：本人水平、研究条件（资料、设备、经费、时间等），只有主客观条件允许的选题，经过努力才能完成。

（二）选题方法

1. 接受上级布置的科研任务。

2. 根据社会的迫切需要，如如何迅速提高我国拳击水平的各种理论与方法。

3. 从学术活动中找题目，参加科学报告会、听论文报告会、参加论文评审等，可从中受到启发，确定研究内容。

4. 从文献资料中找题目，阅读资料时从某一观点或方法中受到启示，或发现疑点，有的论文附有有待研究的问题，都可以作为研究题目。

5. 专家、学者一起探讨当前拳击急需研究哪些问题。

6. 从教学、训练的实践活动中找题目。

7. 从“边缘”学科里寻找引进，如控制论在拳击训练中的运用。

（三）选题顺序

1. 提出初步课题设想。

2. 查阅与课题有关的资料。

3. 制定研究计划，确定研究目标、研究（或实验）对象、研究方法、步骤和经费预算。

4. 进行课题论证：开题报告，请有关专家、学者和主管领导参加，报告题目来源及国内外研究现状、研究目标、预期效果和研究方法，可能出现的困难和解决方法，进展日程和经费预算，经过专家评定，主管领导批准后即可按计划进行研究工作。

二、确定研究任务、方法和手段

选题后，要明确所要研究和解决的问题，使研究任务具体化。研究方法的确定，取决于课题所研究的任务和目的。确定某种或同时采用几种方法时，要明确所选方法能否获得所需研究的结果来完成研究目的。研究手段是指研究时，运用哪些基础理论知识，采用什么仪器设备和什么措施进行研究。

三、论文设计和研究计划

其括课题名称，负责人和执行人，选题依据、目的意义，研究对象，范围和任务，研究方法和步骤，资料来源和处理，各阶段的具体任务和工作内容，需要解决的主要难点，以及预期结果、经费和设备、指导教师的意见。

四、搜集资料，确定资料价值

通过查看索引、目录、有关书籍、报刊、图片、影片、录像等，找到与研究有关的资料，运用浏览或者看重点（子题、提纲和结论），确定资料使用价值，进行筛选，对重点文章要精读，消化吸收，最后写成文摘或卡片，以备选用。

五、选用方法，研究实施

按照研究计划，运用有关资料，采用各种方法，实施各项措施，这是科研的主题施工。

六、数据资料整理与分析

通过各种方法取得材料要进行分类、筛选，对数据进行统计、运算使其条理化，并对这些材料和数据进行分析、综合、归纳演绎，加以抽象概括，建立概念，运用概念进行推理和判断，得出研究结论。

七、撰写论文，得出结论

对全部工作进行总结，把研究的问题和结果加以简明扼要的阐述，并对研究结果进行充分的论证，得出研究结论，使读者能了解研究者的观点和见解。

论文的一般结构如下。

1. 论文题目。

2. 作者姓名和单位。

3. 摘要：反映文章的主要观点和成果，一般在300字左右。

4. 关键词：能反映文章特点的词汇。

5. 前言：说明选题依据，着重说明该题在实践和理论方面的价值和意义。

6. 文献综述：着重阐述本课题国内外研究的现状，介绍本文从哪个角度进行研究，应提出预期结果。

7. 研究对象和方法：调查法要说明调查对象的年龄、身高、一种、性别、运动水平，以及人数、问卷发放范围和回收率；实验法要说明对象、实验组和对照组的划分、所用仪器的规格等，若测试或测定仪器是自行制造的，要写清其可靠过程度。其他如文献资料法、数理统计法、分析综合法等只要简单写明即可。

8. 研究结果和分析讨论：根据所获资料和数据，进行逻辑思维，推理判断，概括提炼，探讨出事物的内部联系和规律，形成新的认识。作为结果的依据，要求条理清楚、主次分明、措施恰当、观点鲜明。有数据材料时，可采用图和表格列出。

9. 结论：根据分析讨论进行高度概括、总结出结论。要求实事求是、恰如其分、掌握分寸，因而需字斟句酌、严谨推敲。

10. 致谢：对在研究工作中给予自己帮助的单位和个人要表示感谢。

11. 考文献：列出在研究过程中阅读过的主要书籍、刊物等文献资料，表明作者的科学态度和涉及这一题目的知识容量，表示对别人劳动成果的尊重，提示读者从这些资料中可获得更详细的资料。

八、论文报告（答辩）

（一）报告程序

先讲题目、提纲，再报告正文，宣读时最好能背下内容，或指着幻灯片提出的提纲、图表宣讲。

（二）注意事项

1. 充分准备：编写报告稿并多次演读，制作幻灯片，把提纲和重要图表显示给听众。

2. 态度自然、吐字清楚、冷静和充满信心。

3. 讲究礼貌：服装整洁、仪表端庄，开头和结束时要有礼貌用语。

（三）论文答辩

1. 答辩程序

（1）论文报告前由大会主持人介绍答辩委员。

（2）论文导师（或推荐人）简单介绍作者。

（3）论文报告。

（4）答辩委员会和与会者提问。

（5）论文作者当场回答问题（提问和答辩不超过30分钟）。

（6）评委（4～6人）会议，对论文质量和答辩水平进行评定，经过无记名投票，2/3的评委同意，才能通过。

（7）由评委会的秘书填写评审表，经过评委主任和委员签字，主管部门审批后通知作者。

（8）经答辩、评审后论文合格者，授予相应学位、职称或奖励证书。

2. 注意事项

（1）做好准备：报告前对可能提出的问题做好回答准备。

（2）听清答辩委员所提的问题，可以用笔记，如果没有听清或不理解时，应礼貌地请他再重复一遍。

（3）事事求实：回答问题要简明扼要，抓住重点，不要开展论述，更不要答非所问，对简单问题也要认真回答，不能有“不屑一顾”的傲慢态度，对不清楚的问题，可以用“还没有注意到”“没有解决好”等语回答，实在不知道答案的应该老实承认，有几种观点的问题，可以阐述自己的观点，但附上“可以继续探讨”或“尚待实践检验”等缓冲语，以留余地，掌握好时间。

思考与练习

1. 对拳击科研工作的基本要求?
2. 如何提高拳击的运动技术水平?
3. 拳击常用的科研方法?
4. 拳击观察统计的内容?
5. 拳击科研中常用的其他调查法?
6. 拳击科研的步骤分为?
7. 论文答辩程序和注意事项?
8. 试想一个拳击论文题目并写出步骤框架?

参考文献

[1] 刘卫军．拳击运动教程［M］．北京：北京体育大学出版社，2006.
[2] 王德新．现代拳击运动教程［M］．上海：复旦大学出版社，2012.
[3] 霍鹏翔．现代拳击教程［M］．北京：北京体育大学出版社，2017.
[4] 于德顺．跟专家练拳击［M］．北京：北京体育大学出版社，1998.
[5] 何正方．女子拳击［M］．上海：上海科学技术出版社，2008.
[6] 郑旗．体育科学研究方法［M］．北京：人民体育出版社，2007.